浙江越秀外国语学院出版基金资助

外国语言学及应用语言学研究丛书

Research on the Production and Perception of
Chinese Tones by Thai Students

# 泰国留学生汉语声调产出与感知研究

刘丽杰　著

ZHEJIANG UNIVERSITY PRESS
浙江大学出版社
·杭州·

**图书在版编目(CIP)数据**

泰国留学生汉语声调产出与感知研究 / 刘丽杰著
. —杭州:浙江大学出版社,2023.9
ISBN 978-7-308-21846-7

Ⅰ.①泰… Ⅱ.①刘… Ⅲ.①汉语－语调－对外汉语
教学－教学研究 Ⅳ.①H195.3

中国版本图书馆 CIP 数据核字(2021)第 206604 号

泰国留学生汉语声调产出与感知研究

刘丽杰　　著

| 策划编辑 | 包灵灵 |
|---|---|
| 责任编辑 | 黄静芬 |
| 责任校对 | 曾　庆 |
| 封面设计 | 项梦怡 |
| 出版发行 | 浙江大学出版社 |
| | (杭州市天目山路 148 号　邮政编码 310007) |
| | (网址:http://www.zjupress.com) |
| 排　　版 | 浙江时代出版服务有限公司 |
| 印　　刷 | 浙江新华数码印务有限公司 |
| 开　　本 | 710mm×1000mm　1/16 |
| 印　　张 | 11.25 |
| 字　　数 | 190 千 |
| 版 印 次 | 2023 年 9 月第 1 版　2023 年 9 月第 1 次印刷 |
| 书　　号 | ISBN 978-7-308-21846-7 |
| 定　　价 | 59.00 元 |

# 前　言

声调是语言中具有区别作用的音高变化。从这一概念来看，声调与元音、辅音一样，也是一种音位范畴体系，是语音系统中不容忽视的部分。在汉语[①]语音系统中，声调极其重要，一直是汉语语音研究的焦点，也是汉语作为第二语言研究的难点。学习者受母语背景影响，口语产出中体现出了不同程度的国别化的带有母语特征的"洋腔洋调"。这种语音偏误可以产生于语音的各个层面，但正如林焘（1996：19）所认为的，"洋腔洋调形成的关键并不在声母和韵母，而在声调和比声调更高的语音层次"。

声调之所以难学，原因在哪里？学习者可能受到多种因素的影响，比如教师的教学策略、学习者自身的学习态度动机等社会心理因素，以及声调感知机制和产出机制。而学习者如何建立声调意识，或者说建立正确的声调范畴，则是声调学习的重点。这就说明，只要把学习者的声调感知机制和产出机制的问题搞清楚，就可以对教学策略进行有针对性的调整。研究发现，人们对于语音产出的物理特性的认识与心理认知常常是不一致的，"听到"的和"说出"的往往不一致。如果我们只是注意到学习者的发音在声学物理表现上与汉语母语者的发音或者汉语的标准不同，而忽略学习者在感知方面的差异，我们在教学中就很容易遇到瓶颈。这就意味着，我们应该将注意力转移到感知上来，看看第二语言习得者在感知方面和母语者有何不同。从语音的感知和产出两个维度进行综合分析，从而进一步深化语音的全方位（语音的产生、传播、听觉感知）研究，更好地探究二语语音习得的特征和规律。

泰语同汉语一样属于汉藏语系，是一种极富特色的有声调的语言，并且声调系统与汉语有很大相似性。基于二语习得的对比分析理论可以预测，与其他

---

① 本书中提到的"汉语"，除特殊说明外，一般指普通话，不包含各类方言。

非声调语言母语者相比,泰国留学生应该更容易掌握汉语的声调。研究证明,在汉语学习的初级阶段,泰国留学生的声调习得速度确实快于欧美等非声调母语背景的学习者。但是,即使学习时间长达数年,他们的汉语口语也仍表现出不同程度的极具特色的泰语腔。这说明,随着学习时间的延长和学习经验的积累,泰国留学生对于某些汉语声调可以准确习得,而有的部分(如上声)的改善则较为困难。当前,在针对泰国留学生汉语声调的习得研究中,产出研究是主流,而对于泰国留学生对汉语声调的感知研究(特别是范畴感知研究)则极为少见。

基于此,本书的研究目的集中于解决以下问题:

(1)在声调习得过程中,泰国留学生的发音和感知存在哪些问题?与汉语母语者相比,他们对汉语声调的感知有何差异?是否形成范畴感知?随着汉语学习时间的延长,泰国留学生对于声调的感知能力又有什么样的变化?

(2)在不同阶段,泰国留学生的声调感知与产出(发音)关系如何?二者是否具有一致性?

(3)在不同学习阶段,泰国留学生对汉语声调有不同的感知和习得。在这个过程中,泰语母语的声调经验发挥了怎样的作用?与詹姆斯·埃米尔·弗利奇(James Emil Flege)的语音学习模型、凯瑟琳·贝斯特(Catherine Best)的感知同化模型是否相符?

为了把这些问题搞清楚,本书采用声学实验分析的方法,研究了不同阶段的泰国留学生汉语声调的产出特征,还采用范畴感知的范式研究了单音节声调的感知规律,同时对双音节也做了感知实验分析,力图发现泰国留学生声调产出和感知之间的关系,验证和丰富语音习得理论和语音感知理论,并为声调教学实践提供数据参考。

本书内容安排如下:

第一章介绍本书的研究背景及相关的第二语言语音和声调的习得理论。

第二章介绍本书中所有实验的设计和研究方法。本书设计了两类实验:声调产出实验和声调感知实验。其中,声调产出实验又包括单音节词和双音节词两部分,另外还有泰国留学生产出泰语声调的实验。实验方法为在录音室采录声学信号。感知也分为单音节声调感知和双音节声调感知。其中,单音节采用合成音连续体样本的感知实验是本书的重点内容。双音节感知采用了自然音作为实验样本。

　　第三章作为本书的研究基础,采用感知实验来定量计算汉泰声调系统的相似度。汉语和泰语都属于汉藏语系,都有声调系统,有不少学者对二者的声调系统进行了对比分析。本书通过对泰国留学生的感知实验来测量汉泰声调的相似度,并将研究结果与前人的结论进行对比分析。

　　第四章和第五章是泰国留学生声调产出实验结果的分析。这两章主要采用基频分析和统计分析,对不同实验组的差异进行显著性分析。分析的目的是找到不同阶段的泰国留学生声调产出与母语近似调和目的语声调之间的差异,以探讨偏误产生的原因。双音节声调产出研究是对汉语双音节声调组合进行偏误分析。本书不仅对各种组合的偏误进行对比分析,发现难点,还对不同位置组合的偏误趋向进行了更加细致的统计,目的是发现双音节中四种声调之间的混淆程度。

　　第六章和第七章是对单音节和双音节声调感知的结果分析,其中第六章是本书的重点和难点。泰国留学生对于汉语单音节声调的感知是本书的核心内容,因为感知范畴是否建立是泰国留学生声调习得情况如何的深层原因,也是声调习得的基础。第六章采用范畴感知的典型分析范式,即识别曲线和区分曲线的统计和分析,确立了不同阶段泰国留学生对四种声调的全部六种对立组的范畴感知情况。第七章通过对泰国留学生汉语双音节声调组合进行听辨和感知实验,发现听辨偏误率较高的声调组合,探究双音节习得的规律和特点,以及双音节产出与感知的关系。

　　第八章基于前面的产出和感知的实验数据,对不同阶段的泰国留学生的声调产出和感知之间的相关性进行分析。此外,我们在相关性基础上提出泰国留学生汉语声调产出与感知的预测模型,给出教学建议。

　　第九章的结论部分包括全书总结和未来展望。

　　本书的创新之处在于以下几个方面:

　　(1)使用范畴感知的实验模式对汉泰声调相似度进行了测量。

　　(2)通过对初级、中级和高级三个阶段泰国留学生汉语声调的声学分析,系统地研究了不同水平的泰国留学生汉语单音节和双音节声调的产出特征及规律。

　　(3)对泰国留学生汉语单音节声调的各个组合进行了识别和区分范畴感知研究,提出使用识别差值来分析不同水平留学生感知特征的新方法,并进行了双音节16种组合的听辨感知研究,研究了不同水平留学生的汉语声调感知变化规律。

（4）结合汉语声调习得数据与声调感知数据，计算了声调感知与产出（发音）的相关系数，并提出了基于感知的泰国留学生汉语声调产出的预测模型。

# 目　录

# 第一章　第二语言语音习得研究概况

　　第二语言习得(简称"二语习得")研究是应用语言学的一个重要分支,关注的是人们在习得母语之后如何学习和掌握其他语言。第二语言习得理论最早源自对外语教学法的探讨,在20世纪五六十年代就开始成为一门独立学科。经过几十年的发展,国外的二语习得研究已经形成较成熟的理论基础和跨学科的研究方法,对比分析、偏误分析和中介语等多种理论、假说被国内外研究者引用和借鉴。语音是语言学习的起点和基础,很多二语习得研究都是以语音作为研究对象来发现语言习得规律的。国外的语音实验研究起步于20世纪60年代,在语音感知、声学、生理等方面都有丰硕的研究成果,提出了一些著名的二语语音习得理论和模型。本章将重点介绍与本书内容相关的一些重要理论和研究成果。

## 第一节　第二语言语音习得研究的回顾

　　二语习得与母语习得不同,一个核心问题是母语系统的影响。对比分析假说正是基于此而提出的二语习得的奠基假说,被广泛应用于二语习得语音、词汇、语法等各层级的研究中。但这个假说可以说是针对语言输出而提出的,直到20世纪80年代,语音范畴感知模型的实证研究出现,二语语音习得理论才真正得到修正和补充,并形成了日趋成熟的输入和输出两方面的研究范式。

### 一、对比分析假说

　　对比分析假说(Contrastive Analysis Hypothesis,简称"CAH")是早期提出的著名二语习得假说。该假说认为,解决二语习得问题的关键在于对母语和目的语的异同进行有系统的比较,从而找到学习的难点和非难点,才能使教和学都更有针对性和高效率。该假说认为,母语与目的语之间的差异跟习得难度成正比:相同或者相近的语言成分,习得较容易;两者差异较大的部分,习得较难。对比分析假说对于教学重点和难点的确定有很强的指导意义。由对比分析假说建立的推论——母语迁移理论认为,在二语习得过程中,学习者已经形成了一种母语的习惯和规则,会对二语习得产生一定的迁移作用。母语的迁移作用可以表现为两种:一种是两种语言结构特征的相似或相同引发的正向积极作用,会促进二语习得;另一种是由于两种语言结构的差异性而形成的阻碍作用,对于二语习得来说是负迁移。对比分析假说认为,预测学习者的困难时,重点就在于找到两种语言系统中差异较大的项目。

对比分析假说建立了二语习得的一个核心思想,就是通过对两种语言系统的对比研究,找出差异,这显然与母语习得不同,这一思想对于二语习得的研究意义深远。不过,其两种略为极端的推论后来受到众多学者的质疑和摒弃:一是对比分析并不能够准确预测所有习得偏误,有学者通过实证研究发现,有些偏误并没有在产出中出现,这说明差异并不是习得偏误的唯一决定因素;二是母语迁移理论所断言的差异性对应负迁移、相似性对应正向迁移的结果并不绝对。也就是说,对比分析假说过于简单和笼统地分析了母语对二语习得产生的影响,对于偏误产生的预测能力是相当弱的。但是,该理论对于二语习得来说,仍然代表了一种重要的研究思路和框架。

**二、偏误分析和中介语理论**

20 世纪 70 年代之后,研究者们关注到了对比分析假说的弊端,认为单纯比较母语和目的语的语言结构异同并不能准确预测二语习得结果。很多学者转而从学习者的角度出发,探讨二语习得中出现的困难和错误,因此,偏误分析成为二语习得产出方面一种典型的研究方法。偏误分析理论认为,二语习得和母语习得一样,习得过程中出现的错误是一种进程中的正常现象。失误(mistake)和偏误(error)是两个不同的概念。学习者在学习过程中产生的有规律、系统性的偏差不能被看作一种错误,而应被看作一种客观存在的偏误,因为错误只能是学习者偶然出现的,且不具有规律性。通过对学习者产出的偏误类型和特点做描述或者统计分析,偏误分析可以发现学习者习得目的语的特征和规律,或者说,可以透过偏误来看学习者习得目的语的过程以及母语迁移作用。

偏误分析与中介语理论是紧密联系的。偏误分析是一种研究方法；而中介语理论是一种理论假设，是在认知心理学的理论基础上产生的。中介语概念由拉里·赛林克（Larry Selinker）提出，指的是第二语言学习者在习得过程中所构建的过渡语言系统。该系统既不属于母语也不属于目的语，而是学习者语言的近似系统，是它们在特定时间的定型产物，有特点有规律（Selinker，1972）。赛林克认为，学习者在习得目的语的过程中自主建构的一个抽象的语言规则系统也应该被视为一种合理语法（Selinker，1972）。虽然这个规则系统并没有办法被清晰地描述出来，但这其实是学习者拥有的一种内隐的可以不断被更新的学习系统。这套规则系统具备独特的语音、语法和词汇，既不同于母语也不同于目的语。中介语不是一成不变的、封闭的，而是一个开放的系统。随着输入输出量和难度的不断增加，新的语言规则不断产生，中介语系统也随之不断更新和调整。随着二语习得时间的推进，学习者接受了更多的目的语规则，会不断消除和修正偏误，向目的语靠近，这就是中介语系统的动态性。

中介语系统是向目的语系统靠近过程中的渐变系统，但最终是否能真正过渡到目的语系统，则是另外一个问题。赛林克认为，绝大多数第二语言学习者（估计为95％）在其语言水平达到一定程度时，就会停止发展，趋于停滞，从而使第二语言学习者和母语者仍然存在差距，形成石化现象（Selinker，1972）。也就是说，二语习得的石化现象是一种学习状态，外语学习者受某些因素制约，到达一定程度之后，语言输入和学习时长的增加不再对中介语的变化产生影响，与目的语有关的规则和知识也趋于定型。但是，石化的原因有待进一步考察。

**三、语音感知理论模型**

伴随着认知心理学和语言学的不断交汇和发展，从学习者认知角度出发来研究二语习得产出背后的深层原因是一条主要路径。语音感知研究最早始于哈斯金斯实验室（Haskins Laboratory），其成员阿尔文·迈耶·利伯曼（Alvin Meyer Liberman）等研究者从1957年开始开展对英语辅音的感知研究。直到20世纪80年代，一些知名的美国语音学家也开展了大量的有关二语语音感知的研究，形成了不少经典的理论和成果。他们认为，二语语音习得产出与学习者的感知模式有紧密关系，母语的语音范畴系统也影响了学习者对目的语的语音感知。在众多的语音感知研究中，有以下三个理论模型影响深远，被研究者广泛应用并被不断验证和修正。

### (一)语音学习模型

语音学习模型(Speech Learning Model,简称"SLM")是二语语音习得领域最具代表性的理论之一。弗利奇在近30年的大量跨语言语音习得的实证研究的基础上提出了该理论模型(Flege,1995)。该理论的核心思想是,学习者在习得第二语言时,会在认知中将目的语与母语的音系空间建立连接,或者说两者共享一个音系空间,并相互作用。在二语习得的过程中,学习者的学习经验、语音知识会对新的语音范畴的构建起到重要作用。从母语迁移的角度来看,新的语音范畴的建立基于学习者对母语和目的语的语音感知的同化和异化机制。SLM理论认为,在"等值分类"(equivalent classification)这一认知机制的作用下,学习者会将与母语感知相近的相似音同化到母语中同一类的音位范畴中,因此不会注意到某些方面的细微差异,目的语被当作母语来处理,无法建构起新的语音范畴,从而固化这种认知,所以学习者在经过长时间的学习后仍旧带有口音。而对于目的语中与母语差异较大的新音,学习者无法将其与母语中的任何音位对应,因此更容易记住这些区别特征,并为其建立新的语音范畴,刻意与母语保持一定的区别性,也就是异化。学习者更容易习得这些音,最终发出的音反而与母语具有相同的音质。这种语音范畴的同化和异化机制导致了母语口音的形成,并在某种情况下易被学习者自身忽略而长期保持。

SLM理论通过实证研究反驳了对比分析假说,提出了完全不同的论断。首先,二语语音习得的过程不是传统的母语迁移理论指出的单向干扰,而是学习者将母语和目的语的音系放到了共享空间,二者相互作用和影响,并重新建构了一个新的范畴体系。其次,对比分析假说认为,母语和目的语相似的语言结构可以成功地正向迁移到外语学习中去,而有差异的语言结构则因受母语的负向迁移作用而不易习得。SLM理论却提出相反的结论,认为有差异的反而是容易习得的,习得的难易程度与语音特征的相似性成反比。SLM理论很好地解释了二语习得中的石化现象,对于差异较大的音素,成人学习者可以很好地建立新的范畴,并发出地道的语音,然而对相似的音素,因为没有建立新范畴,所以即使学习时间很长也会出现"洋腔洋调"。

对于SLM理论提出的二语习得的难易度归因于母语和目的语的相似度这一假说,有学者提出了不同看法。罗伊·C.梅杰(Roy C. Major)和埃伊·金(Eunyi Kim)提出了"相似度区分率假说"(Similarity Differential Rate Hypothesis)(Major & Kim,1996:475)。该假说认为,学习者能很快掌握目的语中的陌生音素,这并不能说明陌生音素就比相似音素的习得难度低,只是习得速度有差别,因此用概念"率"代替"难度"才是最贴切的。

（二）感知同化模型

贝斯特的感知同化模型（Perceptual Assimilation Model,简称"PAM"）是二语语音习得研究领域中与 SLM 同时期出现的另一个知名理论模型。该模型与 SLM 的共通之处在于,两者研究的都是在二语语音习得过程中,母语和目的语的语音相似性使得母语的语音范畴对新的音系空间的建构所具有的同化作用。

贝斯特认为,对于非母语的语音感知,听者会在很大程度上倾向于调用其已有的母语语言知识和经验,来对非母语的语音输入进行认知加工。他们会对非母语的语音发音方式和发音位置进行辨认和感知,判断其与母语发音态势的区别和相似之处,从而将相似的非母语语音感知同化到距离最近的某种母语范畴中去（Best,1992）。该理论比较详细地总结出成人在二语习得中把两个对立的非母语的语音范畴在母语中进行归类的六种同化模式,比较常见的有四种:（1）最容易区分的 TC 型（Two Categories）,将两个非母语语音范畴对应感知为母语音系中的两个不同范畴,二者区分度较高;（2）最难以区分的 SC 型（Single Category）,将两个非母语语音范畴感知为母语音系中的一个范畴,难以区分;（3）比较容易区分的 CG 型（Category Goodness）,将两个非母语语音范畴感知为母语中的一个范畴,但是认为二者与母语范畴距离不同,在一定程度上可以区分;（4）将两个非母语 UC 型（Uncategorized vs. Categorized）的两个音中的一个感知为母语中的一个范畴,另一个游离于母语的两个范畴之间,不能被同化,区分难度不大（Best & Strange,1992）。

感知同化模型的提出对于二语习得的研究起到很大的推动作用。该模型的早期研究虽然主要针对元音和辅音,但实际上对很多层面的音位范畴都有解释力。比如,一项研究分析了以不同声调语言（广东话和日语）为母语的被试在感知普通话声调时的差异,发现具有声调母语背景的广东话母语者偏误率高于无声调母语背景的日语被试。原因在于二者的感知同化模型有差异。前者对于普通话声调的同化多属于 SC 型和 CG 型,区分难度较大;而日语与普通话的同化则属 TC 型,区分较容易（转引自:张家秀,2010）。

（三）自主选择感知理论

温妮弗雷德·斯特兰奇（Winifred Strange）提出的自主选择感知

（Automatic Selective Perception，简称"ASP"）理论可用于解释成人对于母语语音和二语语音的感知差异（Strange，2011）。该理论认为，语音感知是一个有目的的信息选择过程。人们对于母语感知的自动化选择和注意力与二语感知不同。人们可以快速感知母语里相同或相似方言的音段，即使在不太理想的语音环境下，也可以对获取的声学信息进行选择和整合。而二语习得者必须花更多的注意力从话语中提取更多的信息，以便将母语中不存在的语音对立区别开来。该理论认为，成年人对不同语音的听觉能力关键在于听者对语音认知所依赖的声学信息的选择和整合。在二语感知中，学习者如果能找到目的语和母语有差异的具有区别特征的声学感知线索，就可以建立一种选择性感知程序，准确习得目的语的新范畴。如果错误地利用了非关键性的声学线索，就无法正确获得目的语的语音范畴。比如，在研究日本学习者感知英语/r/—/l/差异的实验中，研究者发现日本学习者几乎无法区分英语中的这两个范畴，日本学习者在感知过程中，更依赖于F2来辨认这两个范畴，而F3才是区分/r/—/l/的关键线索，这就造成了学习者的感知困难（Miyawaki，Jenkins，Strange，et al.，1975）。

与SLM、PAM等理论不同，ASP并不强调母语音位范畴与第二语言音位范畴的差异，认为二语语音片段区分上的困难并不是来自语音范畴的同化，而主要是因为学习者利用了非关键性的声学特征，没有把握各个声学线索的权重。

**四、范畴感知理论**

从认知语言学角度来看，范畴化是人们将外界事物认知加工为一定结构的心理过程，是人类的大脑思维和感知言语的最基本能力之一。简单来说，范畴化即事物在人的认知当中被归类。人类的感觉器官将接收到的一系列连续、变化的刺激，自主地归为少数的离散类别即范畴（见图1-1）。在同一范畴内部，各成员相似度大，不易区分。在不同范畴之间，成员相似度小，容易区分。

言语的范畴感知研究开始于哈斯金斯实验室。该实验室的成员利伯曼等研究者于1957年开展的辅音感知研究是范畴感知研究的开端。他们根据第二共振峰过渡段走势和范围，在/b/、/d/、/g/之间合成了一系列声学连续体，通过识别任务和区分任务进行了感知实验。结果显示，被试对于三个辅音的感知属于范畴感知。此项研究也确立了范畴感知研究的基本范式，即识别实验与区分

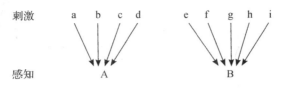

图 1-1　范畴感知过程

实验的结合。

范畴感知研究的目的之一是判定研究对象是否为范畴感知和范畴化程度的大小。在早期，根据范畴化定义，人们对范畴感知结论的判定标准比较严格。迈克尔·斯塔德特-肯尼迪（Michael Studdert-Kennedy）等人认为，范畴感知需要满足四个条件：(1)将刺激识别为明显不同的类别；(2)范畴内的刺激不能被区分；(3)范畴边界处有区分高峰；(4)识别和区分函数比较一致（见图 1-2）（Studdert-Kennedy，Liberman，Harris，et al.，1970）。而连续感知是另外一种相反的情况，如图 1-2 所示，除了起始点，没有一个样本能被 100％ 辨认出来，辨认正确百分比函数以平缓斜率下降，可见辨认能力几乎呈等距下降，这就体现了连续性。图 1-2 显示，听辨者能正确区分任意两个相邻的刺激声。根据这两个特点，可以基本判定某种知觉现象是连续的非范畴知觉。在对塞音进行了感知研究后，研究者也开展了元音感知研究（Fry，Abramson，Eimas，et al.，1962），研究结果证实，元音是连续感知而非范畴感知。另外，通过改变时长、增减语境可以发现，即使是在不利于听觉记忆的情况下，元音也能够呈现一定程度的范畴感知。

范畴感知的第二个重点是母语经验对于范畴感知的影响。许多研究证实，第二语言的语音知觉会受到母语语音的影响和制约。如果用相同的一套合成刺激（即在物理上等距变化的连续体）来测试两种语言背景的人群，那么实验中出现的组间差异可以说明，语言背景对感知过程产生了影响。比如，利·利斯克（Leigh Lisker）和阿瑟·艾布拉姆森（Arthur Abramson）发现，不同母语背景的成年人听者会将 VOT 连续体划分为两个或三个范畴（Lisker & Abramson，1970）。英语母语者和西班牙语母语者都只有一个区分高峰，会把刺激分为浊音/b/、/d/、/g/和清音/p/、/t/、/k/两类。与之不同的是，泰语母语者出现了两个区分高峰，说明泰语母语者出现了三个范畴感知。出现这个结果的原因是，对泰语母语者来说，清浊和送气与否都能形成对立。这充分说明，母语背景对

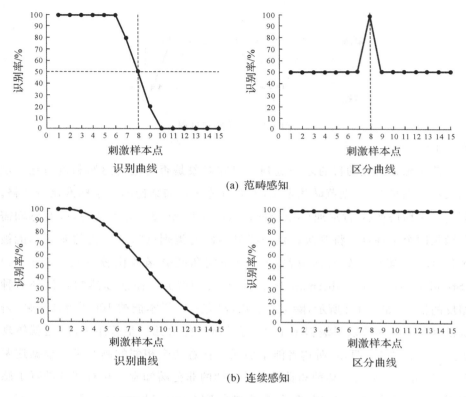

图 1-2 （理想的）范畴感知(a)和连续感知(b)

于范畴感知有重要影响。而对于元音而言,母语背景的作用似乎并不显著。肯尼思·史蒂文斯(Kenneth Stevens)等人合成了两个元音连续体,用于测试美国人和瑞典人。结果显示,两组被试在两个连续体中的区分率都非常高,范畴间区分率和范畴内区分率没有显著差异。由此可以看出,不同母语背景学习者的跨语言元音感知特异性并不如辅音那样突出(Stevens & Keyser,1989)。

**五、语音感知与产出关系**

随着语音感知研究的深入,感知和产出(发音)的关系如何必然成为二语语音习得研究领域亟待解答的问题。但是,由于研究出发点和实验设计不同,因此学者们所持观点也不尽相同。

弗利奇认为,由于成人学习者从小就建立了一套母语音位范畴,二语新范畴的建立必然会受到影响,他们需要重新调整二语范畴的语音加工和重建音系范畴的感知,同时还要在感觉肌动和神经命令方面重新编码。因此,二语的产出位于感知之后,受到感知的很大影响(Flege,1995)。弗利奇对汉语母语者的英语辅音/d/、/t/学习进行了感知研究,并计算了产出与感知的相关性($r=$0.54),认为感知与产出相关(Flege,1991)。在另一个实验中,弗利奇对日本学习者进行针对英语辅音/r/—/l/对立的范畴感知能力的训练之后,发现学习者不仅范畴感知的能力有所提高,而且产出/r/—/l/的准确性也大大加强(Flege,1997)。这一实验结果支持了"感知与产出相关"的假说,也证实了感知训练可以极大地提高学习者对音位的感知区分能力。因此,弗利奇认为,语音感知是产出的基础,产出的偏误都来自感知。但是,很多学者并不支持他的观点。比如,王韫佳(2002)认为,语音产出和感知之间不存在相关性:虽然对于缺乏经验的学习者来说,从他们的感知困难中可以预测到二语音段的产出偏误,但当音段的产出被掌握以后,感知的偏误依旧存在。从目前的研究来看,感知和产出的关系并不对称。学习者可以感知到错误,却不能保证发音不出现偏误。由于每个研究者设计的语料和操作方法不完全一致,受试者间的个体差异也较大,因此得出的实验结论有所不同。学者们普遍认为,语音产出与感知的关系是复杂的,不同的情况下感知与产出之间的相关性并不相同。

# 第二节　汉语作为第二语言的声调研究的回顾

## 一、汉语声调产出研究

自 20 世纪 80 年代以来,二语声调的习得研究引起了学者们的广泛关注,针对不同母语背景学习者对汉语声调的习得的研究成为主流。研究结果显示,学习者母语背景不同,其声调偏误的具体表现就有所不同。对声调产出偏误的研究主要从两个角度来进行:调型偏误和调域偏误。一般情况下,调域偏误多于调型偏误。

对象为非声调母语语言背景的汉语学习者的声调研究主要针对日本、韩国、美国、西班牙、俄罗斯等国的学习者展开(何婉,2016;刘艺,1998;王韫佳,1995;余瑾、王华,2005;徐瑾,2006)。对于这些国家的汉语学习者来说,虽然母语背景不同,在习得汉语声调时出现的偏误也不同,但他们在习得汉语声调时出现的重难点及偏误大同小异。这些偏误集中于调域偏窄、阳上混淆、去阴相混，出现声调偏误最多的依次是上声、阳平、去声和阴平。何婉(2016)的研究发现，韩国留学生即使到了高级阶段，仍存在声调偏误的石化现象，单字调中的上声降段不明显，上升幅度大，易与阳平混淆。王韫佳(1995)的调查表明，美国留学生常把阳平和上声发成介于两个声调之间的声调(调值为324)，把去声发成调值与阴平相同的高平调。刘艺(1998)的研究发现，日韩留学生的阳平和上声声调曲线极为接近，高低对比小于中国人，还常把去声和阴平发成低平调。余瑾、王华(2005)的调查结果显示，尼泊尔留学生经常把上声和阳平、阴平和去声相混淆。徐瑾(2006)的研究发现，俄罗斯留学生常把阳平读成上声，把阴平读成去声，把去声读成阴平。除了调型偏误，学习者的调域偏误常表现为调域较窄：阴平不够高，阳平升不上去，去声降不下来，等等(刘艺,1998)。对于声调偏误产生的原因，大多数学者认为是受到学习者母语语调干扰作用的影响。学习者缺乏对音高变化的经验和感知，发音时就难免忽高忽低，找不到基调，尤其是音高变化幅度较大的声调，如上声、阳平、去声，常常出现偏误(徐瑾,2006)。

对于母语为声调语言的学习者的声调习得研究，目前主要针对泰国和越南的学习者，尚未见到针对其他国家学习者的研究。泰语和越南语都是声调语言，因此泰国和越南学习者学习汉语声调时存在一定的优势，但泰语和越南语的调类和调值与汉语不尽相同，这也使得了学习者无法成功地习得汉语的声调。一些学者的研究(李红印,1995;蔡整莹、曹文,2002;吴门吉、胡明光,2004)发现泰国和越南学习者在学习的初级阶段比一些非声调语言学习者要快，但经过一段时间的学习后，声调仍然存在一些问题。李红印(1995)认为，泰国学生的声调习得问题主要是阴平调值低，去声拖得太长。陈为兵(2012)发现，泰国学生的上声大多变成了一个低降调。吉娜、简启贤(2004)认为，在调值的准确性方面，泰国学生学习汉语声调时是存在偏误的。比较明显的是把汉语的第一声读得比较低，而在应该把第三声读成"全上"时也不容易读正确。阿丽达(2010)较为全面地对不同学习阶段的泰国留学生的四声调习得进行了研究，将发音偏误归纳为：阴平调域偏窄；阳平调型呈现出与上声近似的"凹"型，易与上声混淆；上声在低水平和中水平阶段大部分呈现出"降"型，到了高水平阶段才呈现出"凹"型，但是声调的拐点靠后，尾部升得不够高；去声出现缓降，调时延长。研究者认为，泰国学生声调偏误的主要原因是母语的负迁移影响。在学习汉语语音的时候，泰国学生大多使用母语的声调来替代汉语的声调。泰国留学生发音时总是习惯性地用泰语的中平调来代替汉语的阴平,用泰语的升调来代替汉语的阳平,用泰语的降调来代替汉语的去声,因而把阴平的字发得偏低,发阳平和去声时则给人感觉声调拉得过长。越南留学生的偏误主要是阴平和去声的问题:阴平调值偏低,去声升降幅度太小,上声后半段无升幅(吴门吉、胡明光,2004;陈钰、武青春,2008)。

总体来看,此类研究都采纳了偏误分析法,而且偏误原因都集中于汉语与母语的对比和母语的迁移作用;从感知角度分析声调产出偏误原因的研究并不多。

### 二、汉语声调感知研究

早期范畴感知的研究集中于元音和辅音等音段音位,而对超音段如声调的研究较少。艾布拉姆森最早对泰语声调进行了范畴感知研究,他认为,基频是泰语声调感知的主要声学线索,而不是时长和振幅(Abramson,1962)。艾布拉姆森对高、中、低三个平调进行了感知实验,识别实验表现出了范畴感知特性,而区分实验发现,三者具有连续感知的特性(Abramson,1977)。艾布拉姆森从而将泰语三个平调的感知归为连续感知。王士元最早开展了对汉语声调阴平和阳平的范畴感知研究,结果发现汉语母语者的区分曲线在识别边界处有明显的波峰,因此阴平与阳平是范畴感知(Wang,1976)。孔江平(1995)进行了藏语声调感知实验,研究发现,藏语声调在音高和时长两个维度上都是范畴感知。

在汉语声调感知研究方面,张林军(2010)以汉语阴平—阳平声调连续体为实验刺激,研究了韩语、日语、泰语被试对汉语声调的感知特性,发现汉语被试对阴平和阳平的感知是范畴感知,日语、韩语被试表现出连续感知的特征,泰语被试的识别曲线范畴化特征显著,但区分曲线没有高峰。图 1-3 是张林军(2010:17)对韩语、日语、泰语留学生汉语声调感知模式的研究。

从图 1-3 可以看到,汉语被试的辨认曲线和区分曲线分别表现出明显的突变和峰值,而韩语、日语被试则没有明显的突变和峰值出现,因此可以认为,日语、韩语被试对汉语声调(阴平和阳平)的感知是连续性的。泰语学习者的情况比较复杂,其辨认曲线与汉语母语者没有显著差异,都有明显的陡峭,但区分曲线与汉语母语者不同,没有表现出明显的峰值。作者对此进行了解释,认为在辨认任务中,学习者感知判断依赖的是母语的调位范畴,而在区分任务中则更依赖于声调的音高特征。在进一步的研究中,被试经过 3 个月的学习,进行了

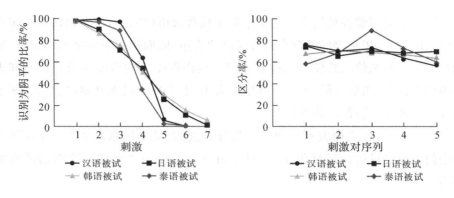

图 1-3　不同母语的被试对汉语阴平/阳平的辨认和区分

同样的感知测试。结果发现,韩语、日语、泰语被试的声调范畴感知能力得到发展,与母语者接近,但是三组被试差异不显著。这说明,母语经验对于声调感知能力的发展没有明显的促进作用。

阳平和上声的感知特征较为复杂,存在一些争议。一项研究表明,上声的拐点位置对于上声辨认有重要影响,阳平和上声的区分边界是拐点在 200 毫秒处,但该研究未指明这是一个绝对值还是相对值(Zue,1976)。高云峰(2004)通过合成实验,证明了汉语里的上声曲折调包含两段共同起辨调作用缺一不可的直线调,是真正的曲折调,而上海话和矾山话的曲折调不是真正的曲折调,只是升调的一种调形变体。作者最终得出结论:汉语上声和阳平的区别性特征是前部平调段的时长,上声平调段时长小于 174 毫秒被听辨为升调(阳平),大于 174 毫秒则被听辨为曲折调(上声)。荣蓉(2012)通过辨认实验和区分实验,考察了普通话阳平调和上声调的听感分界。实验结果表明,阳上听觉感知属于范畴感知,影响阳上听感分界的因素是目标字在双音节中处前后字的不同位置,而参照字的不同调类对阳上听感也有影响,此外实验呈现的顺序等因素也对结果略有影响。

王韫佳(2011)研究了韩语学习者的阳平与上声感知特性,发现了阳平与上声非范畴感知的特征。王韫佳、覃夕航(2015)认为,研究阳平与上声的感知模式时需要考虑的因素较多,包括起点和终点音高、拐点位置等因素,同时明确了研究阳平和上声范畴化问题的实验方法以及数据处理方法,这对二语学习者阳平和上声感知模式的研究具有重要的参考价值。在后续的研究中,王韫佳(2015)同时采用了识别任务和区分任务,发现阳平与上声介于范畴感知和非范畴感知之间。郝尹晨研究了英语和粤语被试对普通话声调的感知和发音情况。实验发现,两组被试对阳平和上声的习得都比较难,粤语组还表现出了阴平和去声的混淆,研究利用粤语母语者对普通话声调的感知同化实验,解释了产生这些混淆的原因(Hao,2012)。在后续研究中,郝尹晨又对比了不同学习阶段的英语学习者对普通话元音和声调的感知。结果表明,没有汉语经验的学习者的元音感知比声调感知更准确;也就是说,在没有接受任何普通话训练的情况下,非音调语言背景学习者对声调的区分不如元音敏感(Hao,2017)。此外,除了阳平和上声对立组之外,初级和高级学习者组的所有对比区分都非常准确,并且在元音阴平和去声声调对立组中,表现出比没有学习经验组高得多的准确性。这说明,普通话学习经验可以提高非声调背景学习者对声调区分的敏感度,帮助他们像区分元音一样准确区分某些声调。然而,所有被试组在区分阳平和上声方面都只达到了低准确度。这进一步表明,除了母语经验之外,还有其他因素可能会影响二语的元音和声调感知。

郑秋晨(2014)研究了汉语元音与声调感知边界的关系,发现不同的元音不会对识别边界宽度产生影响,但会对识别边界的位置产生影响。低元音/a/的边界位置与其他元音差异显著,表现为识别边界位置偏向基频较低的阳平一侧。她认为,这种影响是元音的内在音高造成的,长期的语言经验可能影响了被试对声调的范畴感知边界。

以往的实验研究所得结果有差异,是因为不同学者采用了不同的实验方法和实验设计。大多数学者的实验目的不是对感知模式的认定,他们常常只采用辨认实验来进行研究,而将辨认和区分实验相结合来判断范畴感知程度的研究不多,因为区分任务比辨认任务更有难度,区分曲线的表现比辨认曲线更难以评价。当辨认曲线范畴感知特征明显,而区分曲线未达到令人满意的一致性时,实验结果只能给出准范畴感知或者弱范畴感知的结论。另外,实验设计的连续刺激的样本和被试依照不同的实验目的而有所不同,研究者对于范畴感知的界定也是不一致的。比如,控制合成样本音节的音高、时长、调型显然对研究结果影响甚大。

与范畴感知研究相比,感知线索研究也具有非常重要的意义。西方学者(如 Chandrasekaran, et al. ,2007)对声调的感知研究表明,音高高度和音高趋势是声调感知的两个重要线索,汉语母语者对音高趋势更敏感,音高趋势特别是音高曲线的斜率是母语者感知声调的关键性线索;非声调母语背景的学习者对音高高度更敏感,对音高趋势并不敏感,这就造成了学习者学习声调的难度。非声调语言母语学习者的感知线索主要是元音、辅音以及调域等线索。李倩、曹文(2007)认为,上声和阳平基频曲线较相近,日本留学生难以区分,阳平虽然也有下降趋势,但只占声调时长的 1/4,而上声下降和上升的部分都很大,分别占时长的一半,但日本学习者对阳、上的这一差别并不敏感,从而混淆了两个声调。另外,该研究在实验中发现,嘎吱声(creaky voice)是上声感知的一个重要特征。嘎吱声位于上声的拐点处,是人正常说话时声音的最低极限,利用声学软件进行分析时可以看到 F0(基频)曲线在此处有中断。虽然嘎吱声的感知不一定是上声感知的必要条件,但它却对上声辨认有重要作用。

对于双音节词的感知研究都采用听辨偏误分析,得出的实验结果极不统一。陈默、王建勤(2010)认为,非声调语言的汉语二语学习者对后字声调特征的关注度明显高于前字。双音节后位四类调中,一般是阳平的感知难度最大,去声的感知难度最小(王又民,1998;陈珺、孙莎琪,2012)。王功平(2015)研究发现,在西班牙语母语者的双音节感知中,阴平和阳平之间的混淆度比阴平和去声之间的混淆度还大。徐丽华、胡伟杰、郑园园(2017)的研究结果表明,坦桑尼亚初级汉语学习者对后字调的感知能力高于对前字调的感知能力。而且,四个声调中,最易感知的是后字调去声和前字调去声,最不易感知的是后字调阴平和前字调上声;另外,最易混淆的是阴平和阳平。目前来看,双音节感知研究无论是在研究方法上还是在研究对象上,都还有很大的拓展空间。

### 三、尚待解决的问题

(1)从以上分析可以看出,目前对于声学分析的二语习得的声调产出的研究成果比较多,但大都基于对比分析理论,将汉语和习得者的母语音系进行对比,然后对产出偏误进行统计和描写,较少用感知实验的方法分析声调习得的感知情况。对于声调的产出与感知是怎样的关系,尚未有人进行深入探究。同时,从研究对象来看,单字调的静态研究尚数主流,而动态语流中的声调比如最小声调搭配——双音节词的研究都比较少见,还有很大的研究空间。

(2)从声调感知研究来看,由于上声感知具有复杂性,因此众多研究要么抛开上声只集中于单字调中的阴平、阳平和去声感知,要么只集中于阳平和上声的对立感知,而对于汉语四声调范畴的全面研究很少。但是,对于习得者而言,只有通过范畴间的对立才能真正建立起准确的声调范畴。这就需要利用范畴感知的典型研究范式,来研究习得者四个汉语声调的范畴建立情况,及其与汉语母语者的差异。

(3)SLM 和 PAM 理论对于二语语音习得的感知研究意义深广,后来的很多学者都是基于这两种理论假说来展开跨语言研究的,该理论也不断得到论证和修正。但是从模型本身来看,还有一些方面需要深入探究。比如:到底是相似音位容易习得还是陌生音位容易习得? 在超音段的声调层面会有不同结论吗? 该理论虽然提出相似度会影响二语习得,但是并未给出一个关于两种语言语音相似度的测量标准,或者说一个量化的指标。两种语音到底相似到何种程度,才会阻碍新的语音范畴的建立? 而这对于学习者的感知难度应该怎样度量?

(4)作为声调语言,泰语与汉语有很多共性,在声调习得方面,泰国留学生必然会受到母语经验的影响,而与非声调母语背景的学习者有显著差异。除了以往的从声学相似性出发进行的比较和分析,母语对于习得者的感知影响机制是怎样的? 随着学习阶段的不断推进,这种机制是否有变化? 也就是说,关于母语经验和目的语学习经验的交互作用是什么的问题,尚未有人解答。

正是基于以上几点,本书展开了研究,试图通过对泰语和汉语声调系统的跨语言研究来发现新的结论,以验证或补充二语语音习得的相关理论和模型。

# 第二章 实验设计与研究方法

本书的研究内容有四个方面:汉泰声调相似度,初、中、高三个阶段泰国留学生汉语的单音节和双音节声调产出特征,单音节、双音节声调范畴感知,感知与产出的关系。实验包括声调产出实验和声调感知实验两个部分,采录的语音数据有初、中、高三个阶段泰国留学生的汉语中介语、汉语母语者的标准语(目的语)、泰语母语三类,发音人有初、中、高三个阶段的泰国留学生和汉语母语者。实验使用的设备有录音设备和感知实验设备两类。

## 第一节 声调产出实验

### 一、发音人和语料

发音人的情况如下:

(1)在校非华裔泰国留学生,平均年龄 20 岁。将被试分为初级、中级、高级3 组,每组 20 人,共 60 人。分组标准综合考虑三个方面:一是根据被试学习汉语的时间(包括在泰国国内的学习时间)进行分类,初级水平泰国留学生学习汉语的时间为 1 个月到 1 年,这些学生基本来自汉语系短期班,中级水平为学习汉语 1 年到 2 年,高级水平为学习汉语 2 年到 4 年;二是参照留学生的 HSK 成绩,HSK<3 级为初级组,3 级≤HSK<4 级为中级组,HSK≥4 级为高级组。

(2)20 名汉语母语者——在校大学生,来自中国北方方言区,平均年龄 23岁,普通话水平二级甲等以上。

(3)20 名泰语发音人,从 60 名泰国留学生中挑选曼谷地区人,发音清晰标准。

语料有汉语和泰语两类,用于单音节词和双音节词的发音产出声学分析:

(1)汉语单音节词共 80 个,4 个调类每个调类 20 个;双音节词包括 4 个声调的组合 16 对,每组 10 个,共 160 个。60 名泰国留学生和 20 名汉语母语者每人朗读一遍。

(2)泰语语料共 50 词,20 名泰语发音人每人朗读两遍。

## 二、实验设备

录音采集在标准录音室内进行,使用到的录音设备有话筒、调音台、外置声卡和笔记本电脑等,采录单通道语音信号,采样频率为 22050 赫兹,采样精度为 16 位。设备连接如图 2-1 所示。

图 2-1　设备连接示意

录音使用的话筒是索尼 ECM-44B,具有体积小、频率响应比较均匀以及接近全指向性的优点。调音台是德国百灵达公司生产的 XENYX502 型调音台。

## 三、研究方法

声调的声学基础是基频的变化。基频(F0)是一个声学的物理量,语音的基频是由声带的振动造成的声音的准周期变化,声带振动越快,基频越高。从声波的物理属性来分析,基频定义为声波中各个谐波的频率最大公约数。基频有时被理解为最低分音的频率,也常常跟相邻两分音的频率距相等,但并不完全如此。

提取基频参数常用的方法有两种:通过语音信号或者嗓音 EGG 信号提取。本书未进行嗓音研究,因此只使用语音信号来提取基频。基频是声学物理特性,不具有直接的语言学意义,经过音系调类处理归类后才具有语言学意义。基频决定了人们对声音高低的感知,基频值越大,人们感觉声音越高越刺耳。但是,音高是一个心理学概念,无法通过物理量计算出来,而且音高和基频之间并不是简单的线性对应关系,而是对数关系,因此需要把提取的基频值归一化成五度值。

本书中的泰国留学生声调产出研究先使用 Speech Lab 对语音进行标记,提取单音节和双音节的基频曲线,然后使用 Matlab 程序对基频值进行平滑和归一化处理,转换为五度值,每个音节取 30 个点,导入 Excel 和 SPSS 中进行统计分析。汉语有阴平、阳平、上声、去声四个调类(本书分别用 T1、T2、T3、T4 表示),调值标准分别是 55、35、214、51。图 2-2 是本次研究中获得的声调曲线,是对两位汉语发音人的 160 个单音节基频值归一化后得到的五度值,横轴是归一化后的 29 个时间点,纵轴是归一化后的五度值,四个调类的调值可记为 55、35、213、51,显然在实际发音中,T3 的末尾升幅常常达不到第四度。

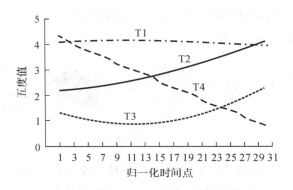

图 2-2　汉语四个调类声调曲线

# 第二节　声调感知实验

本书通过声调感知实验研究不同阶段泰国留学生声调产出偏误的原因,以及泰国留学生的声调范畴感知模式。声调感知实验分为三个部分:汉泰声调相似度感知实验、泰国留学生四种汉语声调范畴感知的识别和区分实验、16 种双音节声调组合自然调的识别听辨实验。泰国留学生感知实验被试来自发音人。

本书声调感知的实验设计大体有两种,基于合成音和自然音。实验程序可以分为识别任务和区分任务。

最为简单的听觉能力实验是基于自然音样本的听辨测试。实验过程是播放录音,让被试判断听到的是哪个声调。然后对测试结果进行偏误率统计和分析,找到学习者声调感知的难点。本书的双音节感知实验设计采用此种方式。

　　另外一种是语音范畴感知研究方法——基于合成技术的连续变化语音刺激的感知研究,也是本书单音节范畴感知所采用的研究方法。语音范畴感知研究的经典范式包括两个实验任务:辨认(或识别,identification)任务和区分(discrimination)任务。首先,根据实验目的制作合成的连续样本。然后,在辨认任务中,每次向被试呈现一个刺激,要求被试做出判断。如果辨认曲线中出现明显的突变,则被认为是范畴化的感知模式;如果辨认曲线没有呈现出明显的斜率变化,则为连续感知模式。区分任务中,每次呈现一对两个步长的刺激样本,被试判断样本是否相同。区分曲线中如果出现明显的高峰,则是范畴感知的表现;如果没有出现明显的峰值,则是连续感知的表现。前人对于范畴感知模式的判定并无完全统一的标准,而且不同的实验设计也会导致实验结果的不一致,但是综合各研究者的研究结果来看,对于范畴感知的判定至少需要三个条件:(1)识别曲线陡峭,有明显识别边界;(2)区分曲线有尖峰;(3)识别曲线的识别边界与区分曲线的尖峰重合。如果三个条件都满足,则为范畴感知;如果识别曲线有明显的范畴分界,但区分曲线表现与识别结果不完全一致,可被认为是范畴感知的弱式,或称准范畴感知;如果识别曲线没有斜率的急剧变化,同时区分曲线无高峰,则可被视为连续感知模式。由此可见,在感知实验中,需要综合两个任务的实验结果,方能对被试的感知模式做出正确的判断和描写。

　　由于单个的声调便于制作连续体样本,因此目前对于声调的范畴感知研究都集中于单音节声调。而对双音节范畴感知的研究,国内和国外都没有发现同类研究论文。这说明,双音节的范畴感知还有很大的探讨空间。

**一、汉泰声调相似度感知实验**

　　由于声调的产出受到元音和韵母的影响较大,因此在设计实验时要尽量采用最小特征对立样本,也就是声韵相同的单元音音节。考虑到元音/a/的第一共振峰较高,不容易和基频相混淆,本书实验选取汉语 4 个声调的音节"搭/da1/""达/da2/""打/da3/""大/da4/"作为刺激样本的基础音。

　　首先,在标准录音室内录制"搭""达""打""大"4 个音节。发音人为女性,年龄 38 岁,普通话一级甲等水平。每个音节朗读 10 遍,为了便于比较,4 个音节时长都控制在 500 毫秒左右,然后使用 Adobe Audition 软件将其时长调整为 500 毫秒。

　　将 4 个音节组合形成 6 个对立组:T1—T2、T1—T3、T1—T4、T2—T3、

T2—T4、T3—T4。将每一个对立组合制作成等距连续体。合成的具体方法是，利用 Praat 脚本程序在起始基频曲线和目标基频曲线上各提取等距 11 个点的基频数据，通过插值计算出起点和目标基频曲线之间 8 个样本的基频，然后利用 Praat 逐渐修改起点音节的基频，最终达到终点基频。这样每个对立组有 2 套，共 20 个样本。6 个对立组共为 120 个样本（见图 2-3）。

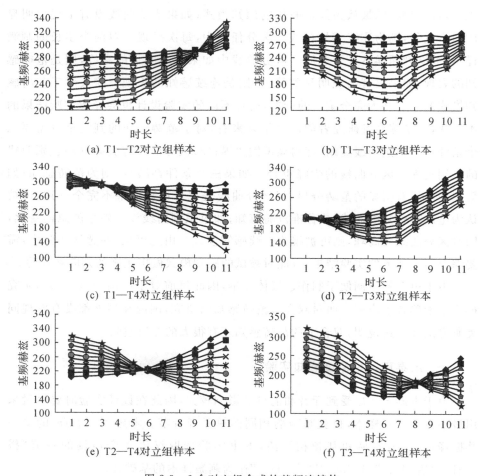

(a) T1—T2对立组样本

(b) T1—T3对立组样本

(c) T1—T4对立组样本

(d) T2—T3对立组样本

(e) T2—T4对立组样本

(f) T3—T4对立组样本

图 2-3　6 个对立组合成的基频连续体

本实验使用以上每组 11 个基频样本，一共 66 个单音节声调样本。每个样本播放 2 次，使用 E-Prime 呈现刺激样本（见图 2-4）。泰国留学生男女各 10 位被试，共 20 人。

被试使用键盘输入对应泰语中的调类编号，程序自动记录实验结果。然后请判断：

您听到的声调像泰语中的第几个声调？

请输入数字1—5中的一个数字。

1 2 3 4 5

图 2-4　汉泰声调相似度 E-Prime 实验界面

导出实验数据，分别统计每对组合 1 号与 10 号样本被判断为泰语对应调类的次数，再分别统计每对组合的两端（1 号和 10 号自然音样本）被判断为泰语对应的调类和相似度，将获得的全部相似度数值进行累加取均值，得到对应四声的相似度概率。如阴平 T1 的相似度值等于 T1—T2、T1—T3、T1—T4 这 3 对组合中 T1 相似度概率值的均值。而实验获得的中间过渡的连续体样本可以表现出相似度变化趋势，用于研究泰国留学生对泰语和汉语声调相似度感知边界问题。

## 二、单音节声调感知实验

（一）单音节声调识别实验[①]

本实验使用 6 个对立组样本，使用 E-Prime 2.0 软件呈现实验刺激，采用 ABX 范式，每组连续体共 20 个样本，以随机顺序呈现，每个样本间隔 1 秒播放两遍后，屏幕会出现 A、B 两个选项，被试需要在 5 秒钟内根据听到的声音用按键来选择是 A 还是 B，这是强迫式的二选一形式。每个样本会出现两次，即被试在一组连续体的识别实验中需要做出 40 次反应，6 对样本一共 240 次刺激反应。在正式实验开始前，被试有 20 个样本的识别实验练习。如图 2-5 所示，被试在听到两次播放的样本之后，进行识别判断，若是"搭"就按左方向键，若是"打"就按右方向键。识别实验界面如图 2-6 所示。

在完成单音节声调识别感知实验之后，要对识别数据进行统计分析，进行卡方检验的独立性检验，画出识别曲线（图 2-7 是高级水平泰国留学生单音节声调 T1—T2 的识别曲线），对识别结果进行二元逻辑回归以得到回归方程系数，计算得到识别边界位置、识别宽度、识别率之和、识别差值等参数。

---

① 单音节声调识别和区分感知实验参照了北京大学于谦的实验方法，并使用了于谦的实验程序，感谢于谦的技术指导。

**一、识别实验**

实验分6小段，每段开始会问"A—B下面播放的是哪个字？"（这里A和B是"搭""达""打""大"中的两个字）首先在屏幕上呈现一个黑色"+"符号注视点，提醒您开始实验。接着您会听到一个音节，这个音节会连续播放两遍。两遍播放完毕后，请在5秒钟内按方向键"←"或"→"，判断这个音节是屏幕上呈现的两个字中的哪一个。

在正式实验前，我们会有一个简短的练习。请按 Q 键开始练习。

图 2-5　识别实验指导语

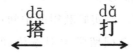

图 2-6　识别实验界面

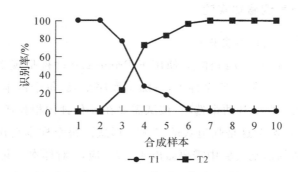

图 2-7　高级水平泰国留学生单音节声调 T1—T2 的识别曲线

二元逻辑回归得到的回归方程(Xu,Gandour,Francis,2006:1066)为：

$$\ln \frac{P_I}{1-P_I}=b_0+b_1 x$$

识别边界位置可以表现单个范畴的范围大小。计算识别边界位置时,定义识别率为 50%,计算公式(Xu,Gandour,Francis,2006:1066)为：

$$\ln \frac{0.5}{1-0.5}=b_0+b_1 x_{cb} \to x_{cb}=-\frac{b_0}{b_1}$$

识别宽度等于 25% 的识别率和 75% 的识别率之间的线性距离。识别宽度大小可以表现识别边界处的识别率变化程度是大还是小,该参数与识别函数在识别边界处的斜率呈反比关系。也就是说,识别宽度越小,表明在边界处对两个对立范畴的识别率变化越大;识别曲线越陡峭,范畴化程度越高。

一般来说,感知范畴研究的目的是确立感知模式为范畴感知还是连续感知,与两端的感知目标的感知难度没有对应关系。从感知模式的研究中,不能使用识别宽度作为识别两个对立音位的难易程度的度量。而且,识别宽度仅计算的是 25％ 的识别率和 75％ 的识别率之间的线性距离,并不能表现整体识别曲线的全貌。为了全面反映识别函数的差异,挖掘感知难度,本书采用识别差值作为感知模式的量化指标。识别差值的定义为:识别曲线中各对对立组全部样本识别率与 100％ 的差值之和。计算方法为:1000 减去 10 个样本点识别率之和。例如,图 2-7 中 T1—T2 组的识别差值计算过程是:

$$1000-(100+100+77.5+72.5+82.5+97.5+100+100+100+100)=$$
$$1000-930=70(\%)$$

定义识别差值的目的在于区分和量化不同水平留学生的感知特征及其与汉语母语者的区别,更便于计算二者的相关性,分析产出与感知的关系。

（二）单音节声调区分实验

本书的区分实验范式采用 AX 型,即听辨区分一个样本对是否相同。样本对由"不同对"和"相同对"组成。每个对立组中有连续体样本 10 个,间隔两个步长形成一个组合 1—3、2—4、3—5、4—6、5—7、6—8、7—9、8—10 和反方向 3—1、4—2、5—3、6—4、7—5、8—6、9—7、10—8,正反方向一共 16 个。相同对由 2—2、3—3、4—4、5—5、6—6、7—7、8—8、9—9 构成,共 8 个。一个对立组中有 2 套声源,因此 6 个对立组一共有（16＋8）×2×6＝288 个样本对。样本对按随机顺序呈现,前后 2 个样本之间间隔是 500 毫秒,被试需要在 5 秒内通过按键判断此样本对是否相同。每个样本对出现 2 次,每个被试共需做出 576 次反应,分 3 段进行。实验界面如图 2-8 和图 2-9 所示,正式实验开始前进行 10 个样本的区分判断练习。被试听完播放的语音样本之后,在 5 秒钟内进行判断,判断为"相同"的则输入左方向键,判断为"不同"的则输入右方向键。在完成感知实验之后,对区分数据进行统计分析,画出区分曲线和识别曲线,进行声调范畴感知特性的分析（见图 2-10）。

其中,区分率的计算公式（Xu,Gandour & Francis,2006:1066）如下:

$$P=P(''S''/S)\times P(S)+P(''D''/D)\times P(D)$$

P(S) 和 P(D) 分别代表相同样本对和不同样本对在实验中所占的比例（本

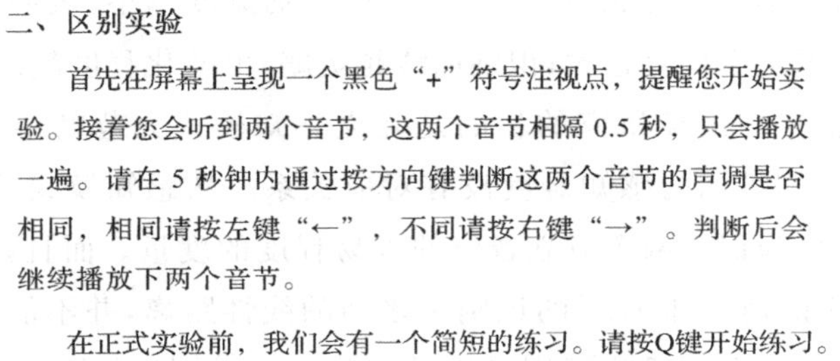

## 二、区别实验

首先在屏幕上呈现一个黑色 "+" 符号注视点，提醒您开始实验。接着您会听到两个音节，这两个音节相隔 0.5 秒，只会播放一遍。请在 5 秒钟内通过按方向键判断这两个音节的声调是否相同，相同请按左键 "←"，不同请按右键 "→"。判断后会继续播放下两个音节。

在正式实验前，我们会有一个简短的练习。请按Q键开始练习。

图 2-8　区分实验指导语

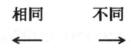

图 2-9　区分实验界面

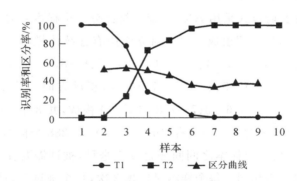

图 2-10　高级水平泰国留学生单音节声调 T1—T2 的区分和识别曲线

实验中分别为 1/3 和 2/3)，P("S"/S) 和 P("D"/D) 分别为相同样本对被判断为相同的概率和不同样本对被判断为不同的概率。

在画出区分曲线后，即可得出区分曲线有无高峰及高峰位置，结合识别曲线的边界进行范畴感知判定。

## 三、双音节声调感知实验

对于能否在双音节词中用范畴感知的范式来研究声调，目前仍存在争议。

比如,在认定上声的音系特点时,石锋、冉启斌(2011)认为,在双音节词中上声的"真面目"才能显露。其主要的立论依据是:上声的中音区调尾是支撑上声低音特征的边界调,孤立地考察低平调而不提供边界调,自然对上声的辨认产生影响,因此要在双音节词中考察上声的音系特征(后字起到提供边界调的作用)。而王韫佳、覃夕航(2015)并不认同这种实验方法,他们指出,经典范畴感知实验范式所使用的刺激为孤立音节,这样做的目的是避免临近的同质单位(对于声调来说就是相邻声调)以及词义信息对目标语音范畴的辨认或者区分产生影响。

基于此,本书的双音节声调感知实验未采用合成音范畴感知研究范式,而采用自然音的听辨感知判断模式。双音节声调感知实验材料是发音语料中汉语的 16 种声调组合,每种组合选取 5 个词,共计 80 个词。语料由一男一女标准普通话发音人以正常语速朗读录音,语音样本经过剪切后使用 E-Prime 软件呈现给留学生被试,同一个词录入一个男声、一个女声,共计 160 个音节。每个样本将男声女声各播放一遍,然后被试进行识别判断,输入 1、2、3、4 共 4 个数字按键中的 2 个,例如听到"音乐"后输入 1 和 4(如图 2-11 和图 2-12 所示)。

欢迎您参加双音节听辨实验!

首先您将听到一个双音节词,然后判断由哪两个声调组成。看到提示语后,请选择数字键"1""2""3""4"中的两个数字。例如,听到"音乐"后按"1""4"键,然后按"Enter"键进入下一个。

按Q键开始练习。

图 2-11　双音节声调感知识别实验指导语

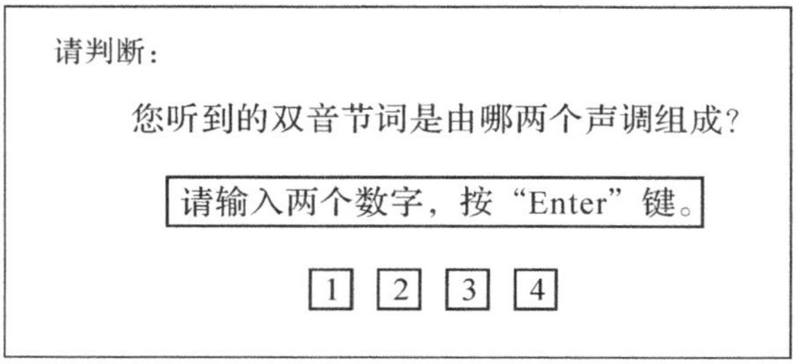

请判断:

您听到的双音节词是由哪两个声调组成?

请输入两个数字,按"Enter"键。

1　2　3　4

图 2-12　双音节声调感知识别实验界面

　　每个被试进行 80 次的识别判断,在完成双音节声调感知实验之后,把数据导入 Excel 中进行统计分析,进行正态分布检验,并计算 16 组声调组合的正确率。对正确率进行聚类统计分析:对正确率较低的声调组合进行深入分析,与双音节发音产出数据进行对比,研究不同阶段泰国留学生的双音节声调习得规律,以及产出与感知的关系。

## 四、研究过程

　　首先,编制语料、挑选发音人和被试,共包括 60 名泰国留学生,以及 20 名中国大学生。初级、中级、高级三个阶段的留学生各 20 名。由于被试人数众多,时间不统一,录音设备一次只能支持单人进行录制,因此本书的录音实验分成 4 次完成。

　　接着,采录语音数据,在录音室内录制,采用单通道语音信号,采样频率为22050 赫兹,采样精度为 16 位。对录制的信号进行降噪、剪辑等预处理。提取不同阶段的泰国留学生和汉语母语者发音的基频数据,进行归一化处理后输出到 Excel 和 SPSS 中进行统计分析。

　　然后,进行单音节和双音节声调以及汉泰声调相似度的感知实验准备,全部实验在语音教室内进行,录制并制作实验所用的合成刺激样本,使用 E-Prime 2.0 软件来呈现实验刺激。之后对感知数据进行统计分析,研究不同阶段泰国留学生汉语单音节和双音节声调的感知模式及汉泰声调相似度。

　　最后,对单音节声调和双音节声调的产出数据与感知数据进行对比分析,探索语音产出与感知的关系,以及泰语母语在汉语声调习得中的作用机制,研究泰国留学生汉语声调习得的过程,建立理论模型。

# 第三章 汉泰声调相似度研究

泰语和汉语同属于汉藏语系壮侗语族壮傣语支,都是极富特色的有声调语言,二者的声调系统有很大相似度。从二语习得的对比分析理论来看,对二者的语言结构进行比较分析,有助于我们深入了解泰国留学生习得汉语的过程并推动汉语教学的发展。

目前,汉泰语言对比研究已经受到研究者的广泛关注,成果颇丰。很多学者从两种语言的词汇、语音、语法结构等方面进行比较,探究二者异同以及给汉语教学提供参考和建议。对于两种语言的关系,很多学者支持汉泰同源说,认为二者是亲属关系。例如,龚群虎(2001)从历史语言学的角度出发,将泰语和上古汉语及中古汉语语音进行对比,探讨汉泰对应词的时间分层及对应规律,为汉泰同源说提供了有力的证明。在针对泰国留学生的汉语语音偏误研究过程中,很多学者也都从声母、韵母、声调等方面出发,全面或部分地比较了泰语和汉语语音系统的异同(陈晨、李秋杨,2007;李红印,1995)。

此类研究成果说明,在面向泰国留学生开展的汉语教学中,要重视汉语和泰语语言系统的对比分析,发挥学习者母语的正向迁移作用,努力克服负迁移,推进汉语教学的发展。但是,目前关于汉泰语言系统对比的研究大多属于经验类定性描述,而基于声学实验的定量研究和感知研究正越来越多地被采纳。本章将采用声学实验和感知实验相结合的方法,从感知的新角度来探讨汉泰声调的相似程度。

## 第一节 汉泰声调系统比较

从声调类型学来看,汉语和泰语的声调属于同一类曲拱调。对比汉语、泰语两种声调系统可以发现,调类的分布很均匀,都有平、升、降三种调型,但也具有明显的区别特征。

## 一、汉语声调系统

汉语包括四种声调类型[①],具有稳定的调值分布。但是,在自然语流中调值常因人和语音环境的不同而有一定的变化,形成不同的音位变体。实验语音学中对声调采用五度标调法,汉语四声调阴平、阳平、上声、去声的调值一般被认为分别是 55、35、214、51,但是在实际中,并非如此标准。比如,图 3-1 是本书对汉语男女两位发音人(普通话一级乙等)单音节基频值归一化后所做的五度值声调均值曲线,横轴是归一化后的 10 个时间点,纵轴是归一化后的五度值,四个调类阴平、阳平、上声、去声的调值可记为 55、35、213、51,上声的末尾升幅达不到第四度。

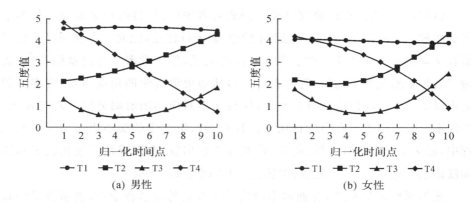

图 3-1　男性和女性汉语四声音高曲线

根据前人的研究,声调的听觉感知主要受到基频的影响,时长和音强不是主要感知线索,而对于基频曲线而言,又可以从音高高度和音高趋势两方面来分析。从图 3-1 可以看出,汉语四种声调的调型差异较大,一平、二升、三曲、四降,调型趋势清晰。我们可以从调值(低、中、高)和调型(平、升、降)两个维度来对汉语四种声调的区别特征进行归纳,结果如下。

(1)阴平(T1)是高平调,基本无起伏曲折,保持水平。男性和女性发音差异不显著。大多数发音在阴平末端稍有下降,但不影响听觉对阴平的辨识。除了

---

① 　为便于比较,本章用 T 表示汉语声调,TT 表示泰语声调。

阴平外,其他声调升降幅度都很大,这赋予了汉语声调高低起伏的特征。

(2)阳平(T2)是中升调。阳平的典型调型为直升,另外一种常见变体为先降后升的凹型,前段先有小幅下降再升高,出现一个弯头。但是,这个降幅很小,时长较短,没有体现出区别特征,不足以被听觉感知,所以不是真正的曲折调,它还是升调。阳平起点和终点音高的性别差异不显著,但是在调型的弯曲程度上,差异比较明显,女性比男性弯曲度更大。

(3)上声(T3)是低降升调,发音时长最长。实验数据显示,被试发音普遍不够饱满,男性比女性终点更低一些。从调值来看,阴平、阳平和去声的最高度都是5度,上声的尾声高度为3度或4度。从图3-1来看,两位发音人的上声终点都没有完全达到4,这说明汉语母语的发音习惯更倾向于上声终点落于3度,因为上声中间经过一个低降1度拐点,如果要升至4度,则需要跨越2度。从生理上看,声带震动和声门调值在瞬间发生先降后升的调整,有一定的难度,随着语音能量的自然衰退,上声终点将不能升至4度区。这也说明,在汉语母语者的声调产出中,上声的后半部升段与阳平的升势相比,升幅要小。

上声的音系特征一直是学界争论的焦点。在20世纪,大部分研究者(吴宗济,1981;沈炯,1998)认为,上声在多数情况下表现为低降21或低平11。进入21世纪以来,更多的感知实验和音系学理论开始质疑传统的"低平调"观点。有的学者认为,上声不是低平调(曹文,2010),或者上声的音系特征应同时包括"低"和"降"(王韫佳、李美京,2010)。从本书所得的汉语母语者单音节声调的实验数据来看,上声的调型在所有的音节中都有明显的降段和升段,转折点的频率在整个调域中属于最低的频率。因此,本书支持上声在单音节发音中是曲折调,而在双音节前字位时才是变体低降或低平调的观点。

(4)去声(T4)是比较稳定的高降调,发音时长最短。实验结果显示,其终点没有降到1度的位置,更常见的是降到3度和2度之间,可以记为52。虽然其终点的频率并没有降到最低的1度的位置,然而听感上却觉得去声降得很低,主要是去声的主调形变化速率是4个声调中最显著的,因此去声调型也可能出现一种陡降,另一种则是弯降,这种差异在不同性别的发音人中体现得较为明显。女性的去声音高曲线的曲率较大,表现出缓降特征;男性去声音高曲线较陡直,变化速率较大。

**二、泰语声调系统**

泰语是泰国的官方语言,标准的泰语是以泰国中部曼谷地区方言为基础的。国外有不少学者对泰语的声调进行研究,普遍认为泰语的声调包括中平、低平、高平、降和升五个调类(本书用 TT 表示泰语声调)。学者们对泰语声调的描写也常用五度值来表达,但结果并不完全相同。本书采用较为普遍的调值标准。例如,图 3-2 中是本次实验对两位泰国留学生朗读的 250 个单音节的基频值归一化后的五度值声调曲线,横轴是归一化后的 10 个时间点,纵轴是归一化后的五度值。泰语单音节声调系统"三平一降一升",一个中平调 33,一个低平调 21 和一个高降调 41,一个高平调 45 和一个高升调 14。调型之间分布均匀,对立整齐。

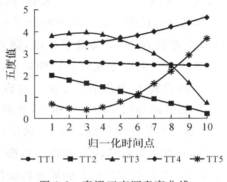

图 3-2　泰语五声调音高曲线

泰语的第一调(TT1)是中平调 33。受音高自然下倾的影响,基频曲线到末端有小幅的下降。

第二调(TT2)是低降,无拐点,调值为 21,整体听感低沉。

第三调(TT3)是高弯降,调值为 41。第三调是从早期的直降演变为弯降。本书的泰国留学生的发音结果以弯降为主,直降极为少见。高拱形比较稳定,听起来也比较明显,声调时长较长。

第四调(TT4)是缓升,调值为 45,可出现 55 的变体。声调的起点在 3 和 4 之间变动,升幅不大。

第五调(TT5)是高升,调值为 14,具有明显的拐点。朱晓农、林晴、趴差桠(2015)认为,第五调经历了从直升到曲折的变化,新派发音人都存在明显拐点,中间低凹的部分嘎裂和北京话第三声一样,这是低凹的特征之一。

从泰语的基频数据来看,声调的高低起伏很弱,调域较窄,表现为比较单纯的升调和降调,没有曲折调。可见,泰语虽比汉语声调数目多,但各调的分布空间相对狭窄。

根据音系学中的区别特征理论,汉语声调的区别特征可以从调型和调高两方面来描述,比如调高可以分为高、中、低,调型走势可以分为升、降、平等。如果从这两个维度对汉语和泰语声调进行比较,可以发现二者既有很多共性,也有差异(见表 3-1)。

表 3-1　汉语与泰语声调的调型和调值对照

| 调型 | 汉语四声调 | 泰语五声调 |
| --- | --- | --- |
| 平调 | T1(55)(高) | TT1(33)(中) |
| 升调 | T2(35)(中) | TT5(14)(高)、TT4(45)(高) |
| 降调 | T4(51)(高) | TT3(41)(高)、TT2(21)(低) |
| 降升调 | T3(214、213)(低) | 无 |

注:本书为研究方便,未将 TT2 和 TT4 归入平调,而仅从调型上归类。

汉语和泰语的声调系统具有共性,都包括平、升、降三种趋势,调型全面。从平调来看,两者声调系统中的平调调型一致,发音的变化趋势都较平,没有升降,但是平声的音高高低不同,一高一中。从升调来看,汉语中的阳平调和泰语中的两种声调(第四声和第五声)都存在差异。阳平的升势跨度较大,而泰语的第四声是缓升,幅度较小。泰语的第五声虽然上升幅度与阳平接近,但是调位偏低,起点和终点都低于阳平两度。从降调来看,泰语的第三声(41)是降调,汉语的第四声(51)也是降调,两者降幅皆大。泰语的第二声(21)与汉语的上声前半段(21)的调值一样,音高变化都从中音降到低音,降幅较小。

郭锦桴(2012)认为,两个声调的区别特征越相似,则两个声调感知起来越相似。也就是说,虽然声调的声学特征与感知特征未必完全一致,但是感知声调的过程一定是按照声调的区别特征来进行整合和归类的。那么,我们有必要从声调的声学物理表现和感知两方面对二者的相似度进行比较,以便进一步分析哪些声学线索会对泰国留学生的汉语声调感知产生影响。

# 第二节　汉泰声调相似度计算

关于汉泰单音节声调系统的相似度测量研究不多。朱晓农(2004)和罗思娜(2013)曾经对二者的相似度做过定量计算:

朱晓农(2004)通过对基频曲线进行二次函数曲线拟合得到斜率和曲率等参数,计算出汉泰声调对照组调型相似度排序是:T1—TT1(0.029)＞T4—TT3(0.060)＞T2—TT5(0.163)＞T3—TT2(0.351)。该方法是从物理声学角度对汉泰声调的基频曲线的调型进行相似度计算。

罗思娜(2013)利用李晟熏(2010)提出的欧式距离公式计算了汉泰声调的音高距离,计算出汉泰声调对照组调型相似度排列顺序是:T1—TT3(1.52)＞T2—TT4(2.05)＞T4—TT3(2.88)＞T3—TT5(4.83)。

可见,从调型和调值两个角度的相似度排序和对应关系来看,两位学者的研究并不一致。那么,究竟二者是怎样的对应关系?本书对于 60 名泰国留学生进行了访谈调查。结果显示,92％的被试认为,泰语和汉语的声调相似对应为 T1—TT1、T2—TT5、T3—TT2、T4—TT3;6％的被试认为,T3 与 TT5 相似;2％的被试认为,没有与 T3 对应的泰语声调。这种对应关系与朱晓农(2004)的研究结果一致。事实上,这种对应关系在二语教学中也是非常普遍的,这是一种经验的认知。至于这个结论产生的原因,有的被试认为是自己感知的结果,还有的被试在刚开始学习汉语的时候,为了便于学习,老师就告诉了他们这种对应关系。这说明,在汉语声调习得过程中,泰国留学生更关注声调的调型特征。

主观上的经验认知、发音结果的声学表现的相似度分析与感知是不是有差异?本书认为,相似度计算及对应关系判断应以泰国汉语学习者的声调感知为主,这种感知相似度会对学生感知范畴的建立产生深刻影响,从而影响到产出,而调型和调值等客观方面的相似度则不是主要因素。为了进一步研究泰国留学生汉语声调的感知与产出关系,本书首先对被试进行汉泰声调相似度感知实验,作为本书的研究基础。

实验过程是把汉语四声组成 6 对:T1—T2、T1—T3、T1—T4、T2—T3、T2—T4、T3—T4。例字组合为:搭—达、搭—打、搭—大、达—打、达—大、打—大。实验以每个组合的前字基频曲线为基础,等距合成 10 个基频样本,一共 60 个单音节声调样本。每个样本播放 2 次,使用 E-Prime 软件来呈现刺激样本。基于围绕中心点的划分(Partitioning Around Medoid,简称"PAM")理论,尽量控制学习经验对感知相似度所产生的作用,因此实验被试选自初级组。被试为初级水平泰国留学生男女各 10 名,共 20 人。得到实验数据后分别统计,每个组合的两端(1 号和 10 号自然音样本)被判断为与泰语对应的调类和汉泰语相似度,而中间过渡的连续体样本可以表现出相似度变化趋势。表 3-2 是此次实验男女合计总数据,汉语 T1—T2 组合中的前音节 T1 对应泰语的 TT1,相似度为 100.0%;后音节 T2 对应泰语的 TT5,相似度为 76.9%。

表 3-2　汉语与泰语声调的调型和调值对照

| 声调组合 | 相似度/% | | 对应泰语声调 | |
|---|---|---|---|---|
| | 前音节 | 后音节 | 前音节 | 后音节 |
| T1—T2 | 100.0 | 76.9 | TT1 | TT5 |
| T1—T3 | 100.0 | 66.0 | TT1 | TT5 |
| T1—T4 | 100.0 | 68.7 | TT1 | TT3 |
| T2—T3 | 75.0 | 38.0 | TT5 | TT2 |
| T2—T4 | 66.6 | 83.0 | TT5 | TT3 |
| T3—T4 | 58.0 | 91.6 | TT5 | TT3 |

　　对表 3-2 中的 6 对组合中分别含有某一种声调的相似度数值求均值,可以得到对应声调的相似度概率。例如,阴平 T1 的相似度值等于 T1—T2、T1—T3、T1—T4 这 3 对组合中 T1 相似度概率的均值,若同一个汉语声调对应的泰语声调有两个,则分别进行计算。

　　表 3-3 是初级水平泰国留学生(男生)的汉泰声调相似度计算结果,汉语声调除 T3 对应泰语两个声调之外,其余汉语三个调类分别对应泰语中的一个调类。对应关系和相似度排序是:

　　T1—TT1(100.0%) > T4—TT3(82.0%) > T2—TT5(74.6%) > T3—TT5(62.1%)/TT2(37.0%)。

　　汉泰声调中两个平声的相似度最高,然后是两对升调和两对降调。上声 T3(214)曲折调在泰语中分别被感知同化为升调 TT5(14)和 TT2(21),被感知为升调的概率大于降调。也就是说,泰国留学生对 T3 的感知分成了两组,一组以 T3 的后半段 14 为感知焦点,感知为升调(14);一组以 T3 的前半段为感知焦点,感知为降调(21)。两组的概率分别是 62.1% 和 37.0%。这表明,初级水平的泰国留学生(男生)对汉语阴平、阳平、去声的感知范畴在泰语中找到了对应项,而对 T3 的感知范畴较紊乱。

表 3-3　初级水平泰国留学生(男生)的汉泰声调相似度计算结果　(单位:%)

| 汉语声调 | TT1 | TT2 | TT3 | TT4 | TT5 |
|---|---|---|---|---|---|
| 阴平 T1 | 100.0 | | | | |
| 阳平 T2 | | | | | 74.6 |
| 上声 T3 | | 37.0 | | | 62.1 |
| 去声 T4 | | | 82.0 | | |

表 3-4 是初级水平泰国留学生(女生)的汉泰声调相似度计算结果,与表 3-3 男生的计算结果相近,汉泰声调对应关系男女一致,相似度数值接近。女生感知的汉泰声调相似度排序是 T1—TT1(100.0%)、T4—TT3(80.2%)、T2—TT5(71.0%)、T3—TT5(61.9%)/TT2(39.0%)。

表 3-4　初级水平泰国留学生(女生)的汉泰声调相似度计算结果　(单位:%)

| 汉语声调 | TT1 | TT2 | TT3 | TT4 | TT5 |
|---|---|---|---|---|---|
| 阴平 T1 | 100.0 | | | | |
| 阳平 T2 | | | | | 71.0 |
| 上声 T3 | | 39.0 | | | 61.9 |
| 去声 T4 | | | 80.2 | | |

男女两组各 10 人进行了相同的感知实验,采用 $t$ 检验来判断男女两组之间是否存在显著差异。检验概率 $p$ 值为 0.962,大于显著性水平 0.050,表明男女两组被试对汉泰声调的相似度感知结果没有显著性差异。因此,将男女两组数据进行合并计算,结果如表 3-5 所示,即 T1—TT1(100.0%)>T4—TT3(81.1%)>T2—TT5(72.8%)>T3—TT5(62.0%)/TT2(38.0%)。

表 3-5　初级水平泰国留学生(男女)的汉泰声调相似度均值　(单位:%)

| 汉语声调 | TT1 | TT2 | TT3 | TT4 | TT5 |
|---|---|---|---|---|---|
| 阴平 T1 | 100.0 | | | | |
| 阳平 T2 | | | | | 72.8 |
| 上声 T3 | | 38.0 | | | 62.0 |
| 去声 T4 | | | 81.1 | | |

表 3-5 的相似度计算结果转换成直观的相似度后,汉泰声调的相似度对应关系如图 3-3 所示。首先,两个平调 T1(55)与 TT1(33)相似度最高,达到 100.0%。其次,去声 T4(51)与高降 TT3(41)相似度为 81.1%。最后,阳平 T2(35)与高升 TT5(14)相似度为 72.8%。以上三对的相似度都大于 70.0%。上声 T3(214)相似度值较低的原因是上声被分成了两组,对应低降 TT2(21)为 38.0%,另外一组对应高升 TT5(14)为 62.0%。也就是说,对汉语 T3 在泰语声调系统中相似调位的归类并不稳定。从泰语声调的角度来看,高升 TT5(14)有两个汉语声调来源,一个来自阳平 T2(35),另外一个来自上声 T3(214)。也就是说,泰国留学生无法区分汉语声调中的阳平 T2(35)和上声 T3(214),这可能是泰国留学生习得 T3(214)困难,极易混淆阳平 T2(35)和上声 T3(214)的根本原因。

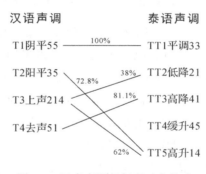

图 3-3　汉泰声调相似度对应关系

## 第三节　汉泰声调相似度感知边界

泰国留学生对汉语 6 对声调组合合成样本的感知相似度的判断,可显示汉泰声调系统的对应关系,以及他们对相似声调的感知范畴和边界。

图 3-4 是泰国留学生对阴平 T1—阳平 T2 组合 10 个样本被感知为对应的泰语相似调类的概率,横轴刻度是 10 个样本序号,小括号内是每个样本对应的泰语相似调类。1 号和 2 号样本全部被感知为泰语的第 1 调,调值为 33。5 号样本被感知为泰语第 4 调的相似度为 60.0%,调值为 45。8 号和 10 号样本相似度都在 60.0% 以上,相似调类被判断为泰语第 5 调,调值为 14。该 T1—T2

组合的相似调类出现了泰语的 3 个调类：TT1、TT4、TT5，它们分别对应相似度曲线的三处峰值，峰值位置处于 3 个调类的感知范畴区间内。区间内首尾两端的峰值与中间波谷的差异较小。

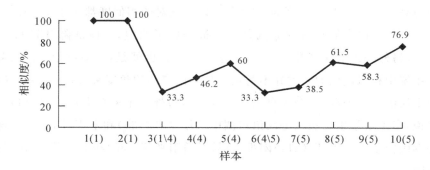

图 3-4　汉语阴平 T1—阳平 T2 组合 10 个样本被感知为对应的泰语调类相似度

图 3-5 是 T1—T2 组合中不同样本形成的 3 个泰语相似声调感知范畴区间的基频曲线。最上方是阴平 T1，感知相似对应泰语 TT1 的范畴区间，是 1 号和 2 号样本所在，起点基频值在 280 赫兹左右，终点在 290 赫兹。中间是对应泰语 TT4 的感知范畴区间，是 5 号样本所在，基频曲线起点从 250 赫兹到 310 赫兹。下方是感知相似对应泰语 TT5 的感知范畴区间，是 8—10 号样本所在。这表明，汉语阴平 T1 感知相似对应泰语 TT1，阳平 T2 对应泰语 TT5，10 个样本的渐变过程中出现了 3 个泰语对应声调的感知范畴。这说明，泰国留学生对泰语中的 TT1(33)、TT4(45)、TT5(14)调型变化有敏锐的感知能力。

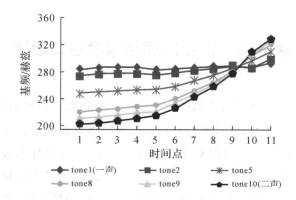

图 3-5　汉语阴平 T1—阳平 T2 组合 10 个样本被感知为对应的泰语相似调类范畴区间

图 3-6 是汉语阴平 T1—上声 T3 组合 10 个样本被感知为对应的泰语相似

调类的概率,横轴刻度是 10 个样本序号,小括号内是每个样本对应的泰语相似调类。1 号样本全部被感知为近似的 TT1,调值为 33,2 号样本为 85.7%,1—3号样本形成了 TT1 的感知范畴区间。5 号样本被感知为泰语相似调是 TT5,调值为 14。8 号和 9 号样本一部分被感知为相似的 TT5,另外一部分被感知为相似的 TT2。从实验结果可看出,汉语 T3 被感知为泰语相似的 TT5 和 TT2,不够稳定,没有唯一确定的对应调类。10 号样本被 66.0% 感知为相似的泰语 TT5。

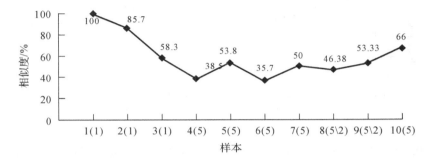

图 3-6 汉语阴平 T1—T3 组合 10 个样本被感知为对应的泰语调类相似度

图 3-7 是汉语 T1—T3 组合中 5 个样本中形成的 3 个泰语相似声调感知范畴区间的基频曲线,最上方是阴平 T1 被感知对应于泰语 TT1 的范畴区间,是1—3 号样本所在,起点基频值在 280 赫兹左右,终点为 290 赫兹。下方 9 号和10 号样本形成的区间是感知对应于泰语 TT5 的范畴区间,起点为 210 赫兹,终点为 250 赫兹。

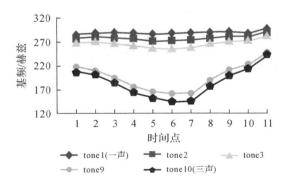

图 3-7 汉语阴平 T1—T3 组合 5 个样本被感知为对应的泰语相似调类范畴区间

图 3-8 是汉语阴平 T1—去声 T4 组合中 10 个样本被感知为对应的泰语相

似调类的概率,横轴刻度是 10 个样本序号,括号内是每个样本对应的泰语相似调类。1—3 号样本被感知为近似的 TT1,调值为 33,3 个样本的相似度都大于 70.0%,1—3 号样本形成了 TT1 的感知范畴区间。6—10 号样本被感知为泰语相似对应的 TT3,调值为 41。相似度曲线中部是波谷,两端 1—3 号样本和 6—10 号样本形成两个明显的范畴区间,可看出汉语阴平 T1 被感知为泰语相似的 TT1,去声 T4 被感知为相似的泰语 TT3,二者的范畴区间边界显著。

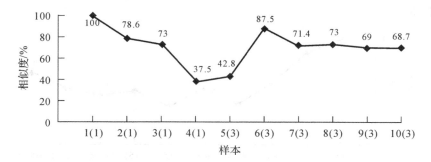

图 3-8   汉语阴平 T1—去声 T4 组合 10 个样本被感知为对应的泰语调类相似度

图 3-9 是汉语阴平 T1—去声 T4 组合中 8 个样本中形成的两个泰语相似调类的感知范畴区间,最上方是阴平 T1 被感知对应于泰语 TT1。1—3 号样本形成相似调类 TT1 的范畴区间,起点基频值在 280 赫兹左右,终点为 285 赫兹。6—10 号样本形成的相似对应区间是泰语 TT3 的感知范畴区间,起点为 310 赫兹,终点均值为 162 赫兹,相似调类 TT3 的感知区间较宽。

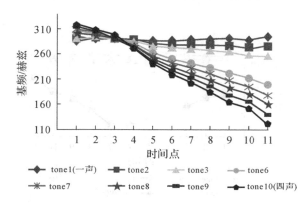

图 3-9   汉语阴平 T1—去声 T4 组合 8 个样本被感知为对应的泰语相似调类范畴区间

图 3-10 是汉语阳平 T2—上声 T3 组合中 10 个样本被感知为对应的泰语相

似调类的概率,横轴刻度是 10 个样本序号,括号内是每个样本对应的泰语相似调类。相似度曲线最大的特点是无较大起伏,没有波峰,大多数样本的相似度都在 70.0% 左右。1—8 号样本被感知为相似的 TT5,调值为 14。末尾 9—10 号样本 50.0% 和 61.0% 被感知为 TT5,42.0% 和 38.0% 被感知为 TT2,调值为 21。也就是说,泰国留学生把汉语阳平 T2 和 T3 几乎都感知为泰语的 TT5,把少量 T3 感知为泰语 TT2,几乎无法区分阳平 T2 和上声 T3 的差异,把二者混淆,导致习得困难。1—8 号样本形成了相似于泰语 TT5 的感知范畴区间,范围很大。

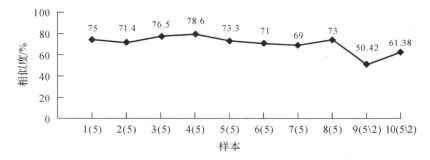

图 3-10　汉语阳平 T2—上声 T3 组合 10 个样本被感知为对应的泰语调类相似度

图 3-10 中显示,T2 与 T3 几乎无法区分出两个对应的泰语声调;而图 3-11 表示组合 T2—T3 中 10 个样本形成的基频曲线,1—10 号样本感知是连续变化的,难以被划分为两个声调范畴区间,只有在 9 号和 10 号样本中少部分被判断为 TT2。

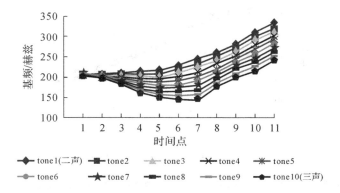

图 3-11　汉语阳平 T2—上声 T3 组合 10 个样本被感知为对应的泰语相似调类范畴区间

图 3-12 是汉语阳平 T2—去声 T4 组合 10 个样本被感知为对应的泰语相似调类的概率,横轴刻度是 10 个样本序号,括号内是每个样本对应的泰语相似调类。1—3 号样本相似度均大于 60.0%,被感知为近似的泰语 TT5,调值为 14。1—3 号样本形成了泰语 TT5 的感知范畴区间。7—10 号样本被感知为相似的泰语 TT3,调值为 41,相似度都大于 68.0%。相似度曲线在首尾出现了两处高峰,4—6 号样本形成了波谷,TT5 和 TT3 两处的感知范畴区间明显。

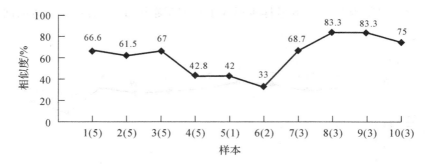

图 3-12　汉语阳平 T2—去声 T4 组合 10 个样本被感知为对应的泰语调类相似度

图 3-13 是汉语阳平 T2—去声 T4 组合中 7 个样本中形成的 3 个泰语相似声调的感知范畴区间,左侧上方是去声 T4 被感知相似于泰语 TT3 的范畴区间,是 7—10 号样本所在,起点基频均值为 300 赫兹,终点为 150 赫兹。左侧下方 1—3 号样本形成的区间是相似对应泰语 TT5 的感知范畴区间,起点均值为 210 赫兹,终点为 300 赫兹。两个调类的范畴区间明显,对比鲜明。

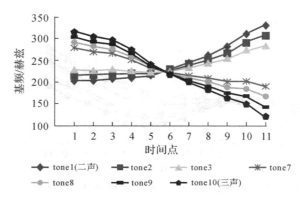

图 3-13　汉语阳平 T2—去声 T4 组合 7 个样本被感知为对应的泰语相似调类范畴区间

图 3-14 是汉语上声 T3—去声 T4 组合中 10 个样本被感知为对应的泰语相

似调类的概率,横轴刻度是 10 个样本序号,括号内是每个样本对应的泰语相似调类。1—4 号样本被感知为相似的泰语 TT5,调值为 14,相似度略大于 50.0%。8—10 号样本形成高峰,去声 T4 被感知为泰语中相似的 TT3,调值为 41。可以看出,汉语 T3 被感知为泰语相似的 TT5,但无高峰出现,范畴不够稳定。汉语去声 T4 被感知为泰语中相似的 TT3,感知范畴区间显著,有大的波峰出现,范畴程度较高。

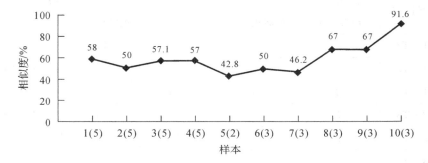

图 3-14　汉语上声 T3—去声 T4 组合 10 个样本被感知为对应的泰语调类相似度

　　图 3-15 是汉语上声 T3—去声 T4 组合中 7 个样本中形成的两个泰语相似调类的感知范畴区间。左侧上方是去声 T4 被感知相似于泰语 TT3 的范畴区间,是 8—10 号样本所在,起点基频值在 310 赫兹左右,终点为 140 赫兹。左侧下方是相似对应于泰语 TT5 的感知范畴区间,起点在 230 赫兹左右,终点在 240 赫兹左右。下方 TT5 的感知范畴区间较宽,图 3-14 中对应相似度曲线部分无高峰出现,说明范畴程度较弱。

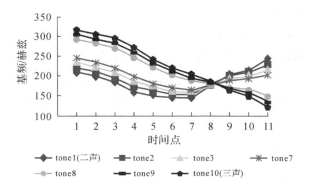

图 3-15　汉语上声 T3—去声 T4 组合 7 个样本被感知为对应的泰语相似调类范畴区间

　　表 3-6 是对以上汉语 6 对声调组合感知相似对应的泰语调类特征的汇总。数据显示：T1—T4、T2—T4 两个组合的范畴化程度最高，相似度曲线中都只出现了两个高峰，前后高峰显著。T2—T3 组合范畴化程度最弱，相似度曲线中无高峰出现；也就是说，泰国留学生无法分辨二者。

**表 3-6　汉语 6 对声调组合感知相似对应的泰语调类**

| 声调组合对 | 相似度曲线高峰数量 | 前端 | | 末端 | |
| --- | --- | --- | --- | --- | --- |
| | | 范畴化程度 | 相似调类 | 范畴化程度 | 相似调类 |
| T1—T2 | 3 | 高 | TT1 | 较高 | TT5 |
| T1—T3 | 3 | 高 | TT1 | 较弱 | TT5/TT2 |
| T1—T4 | 2 | 高 | TT1 | 高 | TT3 |
| T2—T3 | 无 | 弱 | TT5 | 弱 | TT5/TT2 |
| T2—T4 | 2 | 高 | TT5 | 高 | TT3 |
| T3—T4 | 1 | 弱 | TT5 | 高 | TT3 |

# 第四节　泰国留学生汉语声调的感知特征分析

## 一、不同研究方法下的汉泰声调相似度比较

　　本书对汉泰声调相似度的研究结果与前人均有不同。结合朱晓农（2004）和罗思娜（2013）的研究结果进行对比分析（见表 3-7），可以发现泰国留学生对汉泰声调的感知相似度与声调的声学相似度有差异。

**表 3-7　汉泰声调相似度研究结果对比**

| 文献 | 研究方法 | 声调相似度排序（由大到小） | | | |
| --- | --- | --- | --- | --- | --- |
| 朱晓农（2004） | 基频曲线斜率和曲率 | T1—TT1 | T4—TT3 | T2—TT5 | T3—TT2 |
| 罗思娜（2013） | 欧氏距离 | T1—TT3 | T2—TT4 | T4—TT3 | T3—TT5 |
| 本书 | 感知实验 | T1—TT1 | T4—TT3 | T2—TT5 | T3—TT5/TT2 |

通过对比可以看出,三种方法分别从声调的调型、调值以及感知三个角度来获得汉泰声调相似值。通过感知实验获得的相似度结果与朱晓农(2004)的研究结果比较相近,而利用欧氏距离计算的音高差所得结果与其他两种方法差别较大。本书认为,差别较大的原因是欧氏距离计算方法局限于调值或者音高的比较,而不能很好地解释声调的调型,也就掩盖了调型趋势的作用。但是,对于汉语和泰语的声调系统而言,调型走势是比较重要的区别特征,不容忽视。因此,对于两种声调的声学特征相似度而言,朱晓农(2004)的研究结果更为可靠些。从本书的感知实验结果看,也可以印证这一点。这说明,泰国留学生的声调感知也是以调型作为主要的感知线索,而非音高。这就可以解释为什么泰国留学生都认为阴平调 T1(55)像泰语的中平调 TT1(33),而不会认为其像泰语的缓升调 TT4(45)。本书通过感知实验而获得的结果与朱晓农(2004)的研究结果不一致的地方是,上声 T3 的对应声调是泰语升调 TT5,不是低降调 TT2。这一方面可能与试验样本有关,另一方面说明感知与声学物理表现并不一致,留学生对于 T3 的感知线索主要体现在升段。

另外,从上文的相似度范畴分析可以看出,泰国留学生对于声调的感知不仅能把握住调型这一重要线索,而且对于泰语的三个平调有很高的听辨敏感性。比如,T1—T2 对立组中 10 个样本的渐变过程中出现了三个泰语对应声调 TT1(33)、TT4(45)、TT5(14)的感知范畴。这说明,泰国留学生对于泰语中的调型变化有敏锐的感知能力,调型升幅应该是一个很重要的感知参数,同时也证明他们对平调掌握得最好。而在 T2—T3 组合中,相似度感知结果表明,10 个样本没有明显的分界,几乎全部被归为与 TT5 最相似。这是因为两种声调本身调型相似,而且 10 个样本间距较小,较难从调型角度来进行区分。

## 二、泰国留学生汉语声调感知同化模型

基于本书汉泰声调相似度的研究结果,可以在汉语声调与泰语声调之间建立感知同化关系。PAM 理论指出,听者对于非母语的语音感知很大程度上倾向于调用其已有的母语语言知识和语言经验,从而对非母语的语音输入进行认知加工。他们会对非母语语音的发音方式和发音位置进行辨认和感知,判断与母语的发音态势的区别和相似之处,从而将相似的非母语语音感知同化到距离最近的某种母语范畴中去。从本书研究结论出发,可以将汉语声调与泰语声调之间的同化关系描述为以下 TC 型、SC 型或 CG 型三种模式(如图 3-16 所示)。

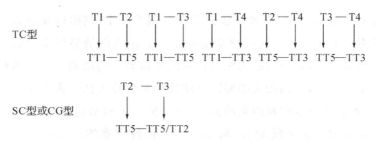

图 3-16　泰国留学生汉语声调感知同化模型

从图 3-16 中可以看出,泰国留学生对于汉语声调的母语同化类型可分为两种,其中有五组都属于最容易区分的 TC(Two Categories)型,即将两个非母语语音范畴对应感知为母语音系中的两个不同范畴,这两个范畴在母语中有对立关系,因此两个新范畴区分度较高。但是,在 T2 和 T3 的对立中,泰国留学生的感知同化模式为 SC(Single Category)型或 CG(Category Goodness)型。前者是将两个汉语声调范畴感知为泰语母语音系中的一个范畴 TT5,区分难度最大。后者也是将两个汉语声调范畴感知为泰语母语音系中的一个范畴 TT5,但是认为二者与泰语母语范畴相似性程度不同,在一定程度上可以区分。以上两种感知同化模式是造成泰国留学生阳平和上声混淆的根本原因。

值得注意的是,以上两种感知同化模式与 So(2005)对粤语和日语被试感知普通话声调的研究结果类似。该研究发现,粤语母语者对普通话声调的同化多属于 SC 型和 CG 型,区分难度较大,而日语与普通话的同化则属于 TC 型,区分较容易。有声调母语背景的粤语母语者偏误率高于无声调母语背景的日语被试,原因在于二者的感知同化模式有差异。结合本书的结果来看,有声调母语背景的学习者在普通话感知同化模式上可能有某种共同的规律,即基于已建立的母语系统中的声调范畴对立,有声调母语背景的学习者具有比无声调母语背景的学习者更强的声调范畴感知能力,但这种感知能力往往使他们忽视相似范畴之间的细微差异,从而造成更大的区分困难。

# 第五节　小　结

本章通过 20 位泰国留学生汉泰语声调相似度的感知实验,计算出了汉泰声调感知角度的对应关系及相似度:T1—TT1(100.0%)、T4—TT3(81.1%)、

T2—TT5(72.8％)、T3—TT5(62.0％)/TT2(38.0％)。阴平 T1 与泰语 TT1 的相似度最高,T3 与泰语声调的相似度值最低。

从 PAM 理论来看,泰国留学生区分阳平 T2 和上声 T3 较困难的原因是, 二者都被泰国留学生感知为相同的泰语 TT5,因此泰国留学生无法区分 T2 和 T3。T1—T4、T2—T4 两个组合的相似辨识度最高,相似度曲线中都只出现了 两个高峰,前后高峰显著。T2—T3 组合相似辨识度最弱,相似度曲线中无高峰 出现,也就是说,泰国留学生几乎无法分辨二者。6 个组合中,含有 T3 组合的 相似辨识度都较弱。

本章对相似度的研究证实,泰国留学生对于将声调的感知线索作为调型, 可以很敏锐地注意到调型的平、升、降差异,但对于曲折调 T3 则没有找到调型 感知的区别特征,而是将其感知同化为升调,造成了与 T2 的混淆。

# 第四章　泰国留学生汉语单音节声调产出特征

　　本章主要分析初、中、高三个阶段的泰国留学生汉语单音节声调的习得特征，从而探索单音节声调的产出变化过程。

　　本章的发声实验将被试分为 5 组：汉语母语者 20 人，初、中、高不同水平的泰国留学生每组 20 人，泰语母语发音人 20 人。语料设计将单音节词分为 4 组，每种声调 20 个，共 80 个单音节数据。

　　基频通过以下方法提取：使用语音处理软件 Speech Lab 给所有单音节语音样本打上语音标记，用自相关算法提取基频参数，用 Matlab 程序从打过标记的语音文件中批量处理提取基频参数，对基频曲线去除"弯头降尾"，得到调型段，并使用五因子平滑方法对基频曲线进行平滑处理。因为各音节时长和音节结构不同，所以提取出的基频曲线长短不同。为了便于比较和聚类分析，需进行基频归一化处理，并将其输出到 Excel 表格中。

　　基频转化为五度调值的计算可以采用 $T$ 值计算法（石锋，1990:71）：

$$T = \frac{\lg(x) - \lg(b)}{[\lg(a) - \lg(b)]} \times 5$$

其中，$x$ 为测量点的频率值，$a$ 为调域上限频率，$b$ 为调域下限频率。

　　在调型度量方面，笔者使用直线斜率和曲线曲率作为度量的参数。阴平调型趋于直线，采用直线拟合，并用斜率来度量调型趋势，其他三调调型都近似曲线。根据朱晓农（2004）提出的使用二次方程 $y = b1x^2 + b2x + c$ 的观点对调值曲线进行拟合，$y$ 值为归一化后的调值，$x$ 值为归一化后的时长，则二次项系数 $b1$ 描述的是声调调型斜率，即曲线的曲率，它代表了曲线的弯曲程度。$b1$ 绝对值越大，表示曲线越弯曲。最后，使用 SPSS16.0 软件对单音节基频曲线进行统计分析。

# 第一节　不同阶段泰国留学生汉语单音节声调产出总体偏误率统计

在实验中,笔者对留学生的发音进行统计分析,记录发音出现偏误的频次,以便进一步归纳和对比不同阶段的泰国留学生的发音偏误。[①] 本书将留学生的偏误进行如下划分:由于偏误率统计是来自本人的听觉判断,因此对于不影响意义判断的调值偏误(如 T1 调值偏低,但很难通过听觉来判断,因为有研究发现,汉语母语者对于 T1 调值的下限为 11,也就是 11 以上都可能被听觉感知为T1),不将其计入偏误。偏误主要指用另一种音位来代替所朗读的音位。但是对于比较特殊的 T3 而言,虽然许多研究者甚至一些教师对于 T3 的特征描述都为低降(21),但笔者认为,在单音节中仍然需要保持 214 或 213 的曲折调要求,也就是说,发音要饱满。从对 20 名汉语母语者的 160 个 T3 单音节的统计来看,也是以 213 或 212 为主,因此留学生将 T3 发成低降也算偏误。

图 4-1 是对不同水平泰国留学生汉语单音节四声调产出偏误率统计,选取了初、中、高各 20 位发音人,朗读语料中含每个调类 20 个单音节,共 80 个单音节,因此共得到单音节样本 4800 个。

从图 4-1 可以看出,三种水平的泰国留学生四种调类偏误率分布基本一致,最高偏误率都集中于 T3。初级水平泰国留学生的四种声调组偏误率均为最高,T3 偏误率可达84.0%,而到高级阶段偏误率仍超过 40.0%。对于 T1,初级水平泰国留学生就已经能很好地掌握,初、中、高三种水平差异不明显,偏误率都比较低。接着是 T4,初级和中级水平的偏误率相同,不超过 20.0%,到高级阶段偏误率为 0.0%。T2 对于泰国留学生而言难度不大,初级阶段的偏误率也只有 28.0%,到高级阶段偏误率趋于 0.0%。四种声调的产出都遵循从不稳定到稳定的过程,随着汉语水平的提高,偏误率逐渐降低。只有上声 T3 在单音节

---

[①] 根据偏误分析理论,二语习得者在使用目的语言时不自觉地对目的语的偏离,是以目的语为标准表现出来的错误或不完善之处,不是错误而应该视为偏误,是一种语言能力问题。本书中的实验对象均在正式严格的实验条件下认真完成实验任务,偶尔疏忽出错的情况可以忽略,凡是出错均视为不自觉。因此,本书中统一采用"偏误"这一概念。

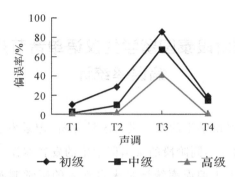

图 4-1  不同水平泰国留学生汉语单音节四声调产出偏误率

声调中表现最差,而且上声的学习水平效应并不十分明显,到了高级阶段可能出现僵化。四种调类中,阴平 T1 和去声 T4 的偏误率都比较低,最容易掌握,而泰语母语中不存在的新范畴 T3 习得比较难。

表 4-1  不同水平泰国留学生单音节四声调产出偏误趋向                (单位:%)

| 水平 | 单音节正确调类 | 错成调类 | | | | |
|---|---|---|---|---|---|---|
| | | T1 | T2 | T3 | T4 | 低降 |
| 初级 | T1 | 0.0 | 3.6 | 0.3 | 4.7 | 0.6 |
| | T2 | 14.2 | 0.0 | 2.8 | 5.8 | 5.6 |
| | T3 | 14.4 | 25.6 | 0.0 | 11.1 | 32.8 |
| | T4 | 11.1 | 5.3 | 0.6 | 0.0 | 1.7 |
| | 合计 | 39.7 | 34.5 | 3.7 | 21.6 | 40.7 |
| 中级 | T1 | 0.0 | 0.0 | 0.0 | 0.3 | 0.6 |
| | T2 | 1.7 | 0.0 | 4.2 | 0.3 | 0.6 |
| | T3 | 3.9 | 7.8 | 0.0 | 5.6 | 35.6 |
| | T4 | 1.7 | 0.8 | 0.0 | 0.0 | 8.9 |
| | 合计 | 7.3 | 8.6 | 4.2 | 6.2 | 45.7 |
| 高级 | T1 | 0.0 | 0.0 | 0.0 | 0.0 | 0.0 |
| | T2 | 1.2 | 0.0 | 0.4 | 0.0 | 0.4 |
| | T3 | 0.4 | 3.6 | 0.0 | 1.2 | 42.8 |
| | T4 | 0.0 | 0.0 | 0.0 | 0.0 | 0.0 |
| | 合计 | 1.6 | 3.6 | 0.4 | 1.2 | 43.2 |

表 4-1 显示了不同水平的泰国留学生每种声调错成其他声调的偏误类型和概率。由于泰国留学生多有发成低降的音,与四种声调无对应,但与 TT2 很近似,有点像汉语的轻声,因此也将其列出。从表 4-1 可以看出,错成低降的调类主要是 T3,对于泰国留学生掌握最差的 T3 有两种主要偏误表现:一是发成低降,二是发成阳平。在低降这类偏误中也包含不同类别,有的听起来有拐点,但无后升段;有的只是降段,听起来像去声,但又没有去声的降幅大。这类偏误是造成初、中、高三个水平上声偏误的主要因素。三个水平在这种偏误趋向上并无显著差异,分别是 32.8%、35.6%、42.8%。

表 4-1 显示,从四声错成趋向看,初、中、高组的 T3 错成 T2 的概率都是最高的,分别是 25.6%、7.8%、3.6%,可见,初级水平的留学生对于阳上的混淆表现很突出,这种混淆是单向的,也就是说 T2 错成 T3 的概率较小。随着学习经验的不断积累,这种混淆是可以改善的,到了高级阶段留学生掌握了上声的发音之后,可以与阳平的范畴区分开。可见,这种偏误与上面讲的发成低降的偏误完全不同。从初级偏误趋向看,初级水平泰国留学生的偏误频次较高的排列是 T3→T2＞T3→T1＞T2→T1＞T4→T1＝T3→T4。这说明,初级水平泰国留学生对于阳平和上声的声调范畴不清晰,上声偏误率最高。而三种声调错成 T1 的概率相近,都比较低,这说明留学生对阴平调的掌握最快最熟练。中级水平泰国留学生的偏误率整体大幅下降,偏误率趋向排序是 T3→T2＞T3→T4＞T3→T1,T3 错成其他三调的概率相近,错成阳平不再是突出的问题。高级偏误趋向更加低,除了有个别 T3→T2,其他可被忽略。从初、中、高三种水平的错成趋向来看,除去上声变低降之外,错成调类排序为 T2＞T1＞T4＞T3,错成阳平的概率最大,错成上声的可能性最低。

# 第二节　泰国留学生汉语阴平调产出特征

汉语阴平调 T1 的调型与泰语第一调 TT1 近似,因此,除了将各水平泰国留学生的 T1 产出和汉语母语者对比之外,也加入了 TT1 做参照组。

## 一、调值统计

由于 T1 是平调,调型没有升降曲折,因此音高方面只需比较起点和末点位置。将三种水平的泰国留学生的 T1 起末点与汉语母语者和泰语中平调 TT1 调值进行统计分析。结果如下：

起点调值方面，不同汉语水平的实验组之间有显著差异 $[F(4,95)=20.868, p<0.001]$。多重比较结果显示，初级水平组与汉语母语者以及中级、高级组均有显著差异（均为 $p<0.001$），而与泰语母语的中平调没有显著差异（$p=0.492$）；中级组与汉语母语者和泰语中平调组有显著差异（$p=0.008, p<0.001$），而与高级组差异不显著（$p=0.180$）。高级组除了与中级组差异不显著之外，与汉语母语差异也不显著（$p=0.195$），但是与初级组合泰语母语组差异显著（均为 $p<0.001$）。

末点调值方面，不同汉语水平的实验组之间有显著差异 $[F(4,95)=21.035, p<0.001]$。多重比较结果显示，初级水平组与汉语母语者以及中级、高级组均有显著差异（$p<0.001, p=0.020, p<0.001$），而与泰语母语的中平调没有显著差异（$p=0.345$）；中级组与初级组、汉语母语者和泰语中平调 TT1 组有显著差异（$p=0.002, p=0.002, p<0.001$），而与高级组差异不显著（$p=0.081$）。高级组除了与中级组差异不显著（$p=0.081$）之外，与汉语母语差异也不显著（$p=0.179$），但是与初级组合泰语母语组差异显著（均为 $p<0.001$）。

调值均值方面，从表 4-2 可以看出[1]，起点和末点的音高顺序一致，均为：TT1<初级 T1<中级 T1<高级 T1<汉语母语者 T1。即泰国留学生的 T1 调都比较低。其中，初级水平泰国留学生 T1 起点与泰语中平调 TT1 最为接近，说明初级水平泰国留学生受母语影响较大。五组起末点调差相似，都比较小，说明调型差异不大。

表 4-2  不同汉语水平组阴平 T1 和 TT1 起末点调值比较

| 汉语水平 | 起点 | 末点 | 调差 |
| --- | --- | --- | --- |
| 汉 T1 | 4.282 | 4.140 | 0.142 |
| 初 T1 | 2.741 | 2.701 | 0.040 |
| 中 T1 | 3.483 | 3.262 | 0.221 |
| 高 T1 | 3.740 | 3.581 | 0.159 |
| TT1 | 2.612 | 2.472 | 0.140 |

---

[1]  为叙述方便,本章图表中用"汉""初""中""高"分别代表汉语母语者和初级组、中级组、高级组泰国留学生。

## 二、调型统计

对每组的 T1 曲线进行线性拟合,对得到的斜率进行方差分析。统计结果显示,三种水平的泰国留学生组和汉语母语者没有显著差异[$F(4,95)=0.647$,$p=0.590$]。这说明,对于有声调背景的泰国留学生而言,T1 调的调型很容易加工,易于掌握。

从以上调值统计分析结果可以看出,泰国留学生的 T1 调产出受到母语泰语中平调 TT1 的显著影响。如图 4-2 所示,初级水平留学生的 T1 均值分布在第三度,可记为 33,把高平调发成了中平调,很显然是受泰语声调系统的影响,与泰语中唯一的平调 TT1 极为相似,调值也是 33,与汉语 T1 调值相比相差两度,调型都是平调。中级水平和高级水平留学生的 T1 调要比初级水平留学生整体上移,二者都分布在第 4 度,可记为 44。高级水平留学生的 T1 产出最为稳定,且调值最为接近汉语母语者。

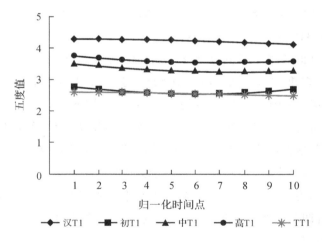

图 4-2　不同汉语水平组 T1 调与 TT1 音高曲线对比

综上所述,不同水平的留学生对 T1 的调型掌握较好,调值随汉语水平的提高而不断提高,逐渐脱离母语范畴,向目的语靠近。虽然三种水平的留学生和汉语母语者 T1 的发音调值差异巨大,但因为调型是识别音节声调的更为重要的线索,所以它在听感上并不影响意义表达。

# 第三节　泰国留学生汉语阳平调产出特征

汉语阳平 T2 的调型与泰语 TT5 调型近似,因此除了将各水平泰国留学生的 T2 产出和汉语母语者进行对比之外,也加入了 TT5 做参照组。

## 一、调值统计

在起点调值方面,各实验组之间有显著差异[$F(4,95)=11.510,p<0.001$]。多重比较结果显示,TT5 起点调值与其他四组阳平 T2 起点均有显著差异(均为 $p<0.001$);从四组 T2 分析来看,初级组与汉语母语者有边缘显著差异($p=0.05$),而与中级、高级组差异不显著($p=0.558,p=0.462$)。中级组和高级组与汉语母语者差异也不显著($p=0.158,p=0.219$)。初级、中级、高级、汉语母语者标准差分别为 0.465、0.352、0.310、0.131。这说明,初级水平留学生 T2 起点整体不仅偏低,而且不稳定。

在末点调值方面,不同实验组之间有显著差异[$F(4,95)=2.796,p=0.036$]。多重比较结果显示,初级组与汉语母语者有显著差异($p=0.017$),与中级、高级组和 TT5 组均没有显著差异($p=0.291,p=0.654,p=0.968$);中级组与其他四组都没有差异;高级组与汉语母语者有显著差异($p=0.005$),而与其他四组没有差异。汉语母语 T2 组与 TT5 组有显著差异($p=0.017$)。从标准差来看,差值最大的是初级水平泰国留学生,为 1.116;最小的是汉语母语者,为 0.318。原因是,初级水平泰国留学生的 T2 调型偏误较多,有的发成曲折调和平调。越到高级水平,末点位置越集中稳定,但与汉语母语者还有一定差距。

在调值均值方面,对于 T2 的习得,不同水平的留学生都比较接近汉语母语者。对于起点而言,被试四组都能和 TT5 组的起点区分开来。对于末点而言,四组水平比较集中。汉语母语者的 T2 末点比 TT5 组的末点偏高。初级组和高级组都与汉语母语者有差异,末点偏低,而初、中、高各组都与 TT5 终点无差异,说明受到母语迁移作用的影响。从表 4-3 中的调差来看,初、中、高各组的均值都略小于汉语母语者,升势略小。

表 4-3　不同汉语水平者阳平 T2 和 TT5 起末点调值比较

| 汉语水平 | 起点 | 末点 | 调差 |
|---|---|---|---|
| 汉 T2 | 2.122 | 4.561 | 2.439 |
| 初 T2 | 1.821 | 4.031 | 2.210 |
| 中 T2 | 1.864 | 3.594 | 1.730 |
| 高 T2 | 2.213 | 4.420 | 2.207 |
| TT5 | 0.682 | 3.674 | 2.992 |

## 二、调型统计

对每组的 T2 曲线进行线性拟合，并对得到的曲率进行方差分析。统计结果显示，三种水平的泰国留学生组和汉语母语者在调型上无显著差异[$F(4,95)=2.237, p=1.735$]。

结合表 4-3 可以得出，各水平留学生的 T2 调差都小于汉语母语者。初级组和中级组 T2 差别小，起点最低，从第二度缓慢上升至第四度，记为 24；高级水平泰国留学生 T2 与汉语母语者的 T2 调值为 35，与初级、中级组相差一度，起点和终点的频率值较低，属于调域偏误。泰语中有两个升调，即一个缓升调和一个高升调，调值分别为 45 和 14，受其母语第五调 TT5(14)影响，初级和中级水平泰国留学生把汉语的 T2(35)的调值发成了 24。这说明，初级水平泰国留学生对于调值高低的感知有一定的辨识能力，从发音惯性来讲，与泰语的 TT5(14)更接近。总的来说，泰国学生对 T2 掌握较好。

结合图 4-3 可以看出，与汉语母语者相比，泰国留学生倾向于将平滑上升调发成先短降后长升的曲折调，只不过这个短降的阶段频差较小，听感上表现为升调，不影响意义辨识。从泰语母语第五调声调来看，调型也是有个比较明显的短降段。前面已经分析过，与泰语的第四调缓升调只需跨越 1 度（近似平调）的情况相比，第五调的上升要跨越 3 个度，因此调型前段有一个缓降段。由于频差不大，因此整体趋势仍然体现为上升。这说明，在起点和终点间有较大的调值差时，可能出于生理原因，发音者要为后面的大幅度拉升做准备，因此自然要出现一个下降段，才可以使后面调值升得很高。而泰语第四调的缓升调，上升幅度很小，只有 1 度，近似平调。因此，在调型表现上不会出现曲折起伏的情况。从初级和中级水平泰国留学生的发音结果来看，由于汉语的 T2 表现为跨

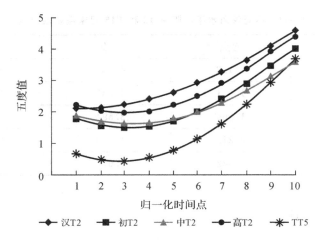

图 4-3　不同汉语水平组 T2 调与 TT5 音高曲线对比

越 2 度的大幅度上升,听感上上升趋势非常明显,因此,虽然泰语的第四声和第五声都是升调,但泰国留学生更容易将汉语的 T2 与泰语的第五声调而不是第四声调划为近似范畴,因此与泰语第四声调的缓升区别来开。无论从调值的高低还是调型的走势来看,泰国留学生的 T2 产出都与泰语的第五调更相似一些。

经过拟合之后,五种曲线(汉 T2,初级 T2,中级 T2,高级 T2,TT5)的曲率分别为 0.0033、0.0060、0.0048、0.0055、0.0069。初级 T2 和 TT5,曲率差值为 0.0009。而初级组 T2 和汉语母语者 T2 曲线的曲率差值为 0.0027,这说明初级水平泰国留学生的 T2 产出与 TT5 更加相似。从五种曲线的曲率大小比较可以看出,曲线的弯曲程度依次为汉 T2<中级 T2<高级 T2<初级 T2<TT5,也就是说,汉语的 T2 调和泰语的 TT5 虽然都是高升调,但汉语的 T2 升势更加陡直,泰语的升调更加弯曲。可见,各个阶段的泰国留学生所发的 T2 升调仍然带有母语的痕迹,随着汉语水平的不断提高,有逐渐向目的语靠拢的趋势。

综上所述,泰国留学生的 T2 发音特点是起点偏低,升幅偏小,调型偏曲折。随着学习水平的不断提高,泰国留学生的 T2 发音缺点会逐渐得到修正。


## 第四节　泰国留学生汉语上声调产出特征

汉语上声的调型与泰语 TT5 的调型最为相似,因此,笔者除了将各水平泰国留学生的 T3 产出和汉语母语者对比之外,也加入了 TT5 作为参照组。

## 一、调值统计

起点调值方面,各实验组之间有显著差异$[F(4,95)=24.578,p<0.001]$。多重比较结果显示,TT5 与汉语 T3 的四组都有差异$(p<0.001)$。初级组与中级、高级组有显著差异$(p<0.001,p=0.001)$,高级组与汉语母语者没有显著差异$(p=0.260)$。中级组与汉语母语者差异显著$(p=0.020)$,与高级组之间差异显著$(p=0.075)$。

末点调值方面,各实验组之间有显著差异$[F(4,95)=8.521,p<0.001]$。多重比较结果显示,TT5 组除与初级组和汉语母语者无显著差异$(p=0.813,p=0.137)$之外,与中级、高级组都有差异。初级组与汉语母语者没有显著差异$(p=0.221)$,而与中级、高级组差异显著$(p=0.001,p=0.003)$。中级组和汉语母语者差异显著$(p=0.006)$,高级组和汉语母语者差异不显著$(p=0.270)$。

拐点调值方面,各实验组之间有显著差异$[F(4,45)=5.466,p=0.001]$。多重比较结果显示,TT5 组与其他各组都有差异,而泰国留学生各水平组之间和汉语母语者都没有显著差异。

从以上统计分析可知,泰语 TT5 与汉语 T3 相似度不高,证实泰语中不存在与 T3 曲折调对应的调型。

调值均值方面(见表 4-4),初级水平留学生起点最低,末点最高,调差最大,与母语泰语第五调最接近。中级组和高级组起点末点之间的调差比汉语母语者小很多,水平较为接近。中级组为负值,说明调型下倾。从升降段调差对比来看,初级水平留学生的降段与 TT5 相近,降段调值差最小。中级和高级水平留学生的降段超过汉语母语者,说明他们的发音中突出了 T3 低降的特征。对于升段而言,初级水平留学生受 TT5 影响,升段调差比汉语母语者高。而中级水平留学生升段低于降段,说明他们倾向于把 T3 曲折调当成低降调来处理,没有掌握曲折调先降后升的发音方式。到了高级阶段,升段调差逐渐加大,向汉语母语者靠近,降升段比例与汉语母语者最为接近。

表 4-4　不同汉语水平组上声 T3 和 TT5 起末点调值比较

| 汉语水平 | 起点 | 末点 | 拐点 | 降段调差 | 升段调差 | 起末点调差 |
|---|---|---|---|---|---|---|
| 汉 T3 | 1.182 | 2.571 | 0.551 | 0.631 | 2.020 | 1.389 |
| 初 T3 | 1.293 | 3.293 | 0.972 | 0.321 | 2.321 | 2.000 |
| 中 T3 | 2.234 | 2.041 | 1.301 | 0.933 | 0.740 | −0.193 |
| 高 T3 | 1.937 | 2.203 | 1.060 | 0.877 | 1.143 | 0.266 |
| TT5 | 0.684 | 3.674 | 0.432 | 0.252 | 3.242 | 2.990 |

## 二、调型统计

对每组的上声曲线进行线性拟合，将得到的曲率进行方差分析。统计结果显示，三种水平的泰国留学生组和汉语母语者在调型上无统计学意义上的显著差异[$F(4,95)=4.161, p=0.350$]。

由于泰语中无 T3 这样的曲折调，因此 T3 习得成为一个难点。即使到了高级水平，泰国留学生对上升调的掌握也并不稳定。结合图 4-4 中各组均值音高曲线来看，初级水平留学生的 T3 与母语 TT5——高升调最为接近。起点最低，位于 2 度区。与标准汉语 T3 相比，起点调值无差异。但是，调型偏误比较明显。由于拐点位置比较靠前（约第 9 点），而且前段下降段频差较小，因此整体表现的调型曲线弯曲度不够大，使得该曲线呈上升趋势，更加像 TT5 升调，导致产出的音节升调听起来像阳平。

中级和高级水平留学生 T3 差别不大。与初级水平相比，起点调值有所提高，偏离 2 度区，提高至 3 度区。这种对起点的提高是为了适应 T3 调型的要求。可以看出，中级和高级水平留学生已经对 T3 的调型有了范畴认知。在教学中，教师的声调手势教学发挥了作用，使学生对上声 T3 有先降后升的意识；但是对于泰国留学生而言，由于未掌握 T3 拐点特殊的低音发音或者特殊的训练，音域不能打开，因此最低点不能降低到 1 度区（图 4-4 中可见，最低点在 1、2 度边界上）。当最低点被提高之后，为了产出符合标准的 T3 曲线，中级和高级水平的泰国留学生就相应地提高了起点的调值。从这个意义上说，他们至少是掌握了调型。另外，跟初级水平留学生比较，中级和高级水平留学生的曲线从拐点的位置明显后移，逐渐摆脱了全升趋势，形成了曲折调。然而，从曲线终点来看，中级和高级水平留学生的 T3 曲线终点都比较低，大致与起点位置齐平，

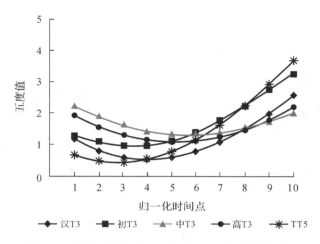

图 4-4　不同汉语水平组 T3 调与 TT5 者高曲线对比

甚至是低于起点。这说明,学习者对 T3 的低降特征感知比较明显,没有十分明显的上升特征,在一定程度上与阳平有所区分。

汉语上声是外国留学生的习得难点。虽然泰国留学生有母语泰语声调背景,但还是不易掌握母语中没有的曲折调 T3,很容易将其与阳平混淆。

从汉语声调的音高曲线可以看出,二者的调值和调型区别比较明显。阳平 T2 的调值起点是 3 度区,开始是缓升或者略有降段,然后从 5、6 点(约为 1/6 处)开始上升,因此对于 T2 而言,调型主要的趋势即为升,没有明显的拐点,为升调。T3 的起点位于 2 区,比 T2 低 1 度。T2 开始为下降趋势,降到最低点跨度为 1 度,说明前半段下降趋势明显,属于降调。最低点即拐点位置位于 13、14 点(约为 3/5 处),之后的半段从 1 度区上升至 3 度区,上升趋势明显。因此,将 T3 调型和 T2 调型进行比较,最主要的区别有两点,一是调值低,二是先降后升的起伏调,二者的走势完全不同。

图 4-5 是汉语母语者,初级、中级、高级水平泰国留学生的 T2 和 T3 音高曲线对比。从图 4-5 中可以看出,初级水平泰国留学生 T2 和 T3 调型近似,只是调值高低不同。这说明,初级水平留学生对音节末尾表现出来的 T3 后半段的上升段较为敏感,感知为升调。初级水平学习者还未建立 T3 范畴,较难区分 T2 和 T3,T3 拐点不明确。

比较中级水平泰国留学生的 T2 和 T3 可以发现,中级水平学习者已经注意到了调型的差异,两个声调音高曲线相交曲线的拐点位置明显后移约 2/3 位

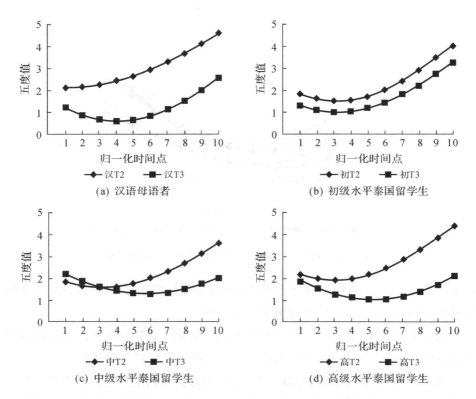

图 4-5　汉语母语者(a)、初级(b)、中级(c)、高级(d)水平泰国留学生 T2 和 T3 对比

置。同时,曲线终点位置下移,低于起点位置,甚至有不少学生直接把 T3 发成低降调,说明学习者感知到了 T3 低降的特征。T3 没有凸显上升趋势,可以与 T2 区分开来。

高级水平泰国留学生已经掌握 T2 和 T3 的区别特征,无论从调值分布还是调型区分来说,都和汉语母语者没有差异。这说明,高级水平学习者已经能很好地区分 T2 和 T3。

## 第五节　泰国留学生汉语去声调产出特征

汉语去声 T4 的调型与泰语 TT3 调型近似。因此,笔者除了将各水平泰国留学生的 T4 产出和汉语母语者进行对比之外,也加入了 TT3 作为参照组。

## 一、调值统计

起点调值方面,各实验组之间有显著差异[$F_{(4,95)}=8.78$,$p<0.001$]。多重比较结果显示,TT3 组的起点调值与初级 T4 调组没有显著差异($p=0.214$),但与其他三组的 T4 起点均有显著差异(均为 $p<0.001$);初级组与汉语母语者没有显著差异($p=0.456$),而与中级、高级组差异显著($p=0.008$,$p=0.002$)。中级组与高级组无显著差异,二者与汉语母语者的差异都较为显著($p=0.040$,$p=0.004$)。结合描述性统计结果分析可以发现,中级组和高级组的起点均值分别为 4.341 和 4.432,高于初级组(3.952)和汉语母语者(4.213)。而且,从标准差来看,中级组(0.200)和高级组(0.150)都显著低于初级组(0.590),说明前两者的 T4 起点不仅高而且比较稳定。

末点调值方面,除了 TT3 组与汉语 T4 组有显著差异之外,其他四组之间没有显著差异。初级、中级、高级三组与汉语母语者的方差分析结果分别为$p=0.553$、$p=0.695$、$p=0.575$。

调值均值方面,结合表 4-5 来看,初级组均值与泰语第三声起点最低,没有差异。末点差异较小,调差最为接近,说明初级组受泰语母语第三调影响较大。中高级组的起点位置提高,但是调差不如汉语母语者大。

表 4-5　不同汉语水平组去声 T4 和 TT3 起末点调值比较

| 汉语水平 | 起点 | 末点 | 调差 |
|---|---|---|---|
| 汉 T4 | 4.213 | 0.423 | 3.790 |
| 初 T4 | 3.952 | 0.951 | 3.001 |
| 中 T4 | 4.341 | 0.753 | 3.588 |
| 高 T4 | 4.432 | 1.372 | 3.060 |
| TT3 | 3.812 | 0.752 | 3.060 |

## 二、调型统计

对每组的 T4 曲线进行拟合,将得到的曲率进行方差分析。统计结果显示,汉语母语者在调型上与其他四组有边缘显著差异($p=0.050$)。泰国留学生初级、中级、高级三组和 TT3 组没有显著差异。

与汉语母语者 T4 的陡降相比,各个水平的留学生 T4 调型比较集中,都属于缓降型。泰语母语中的两个降调跨度都比较小,因此受母语影响,泰国留学生在处理降调时采用了缓降方式来适应较大的调域跨度 51,但仍有不少学生降不下来。从图 4-6 可以看出,泰国留学生的 T4 降调与母语高降调 TT3 重合程度较高,而与汉语母语者的标准调型有较大差异。

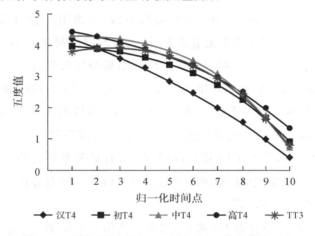

图 4-6　不同汉语水平组 T4 调与 TT3 音高曲线对比

初级水平泰国留学生 T4 分布的起点位置偏低且标准差最大,一直到曲线后半段才开始收紧,呈递减趋势。起点分布范围约为 1 度,均值线起点均位于 4 度内。初级水平泰国留学生 T4 调均值分布可记为 42,降调跨度为两度,与汉语母语者 T4 调值相差一度,调型都是降调。无论从调值还是调型来看,初级水平泰国留学生的 T4 产出都和母语 TT3(41)更相似。起点偏低也可以说是受该调值的影响。

中级水平泰国留学生的 T4 分布与初级水平学生相比,各点的标准差都很小,调值分布更加集中紧凑,这说明到了中级水平,留学生的 T4 掌握较容易,发音比较稳定。上下限和均值线起点位置全部上移到 5 度区,与汉语母语者 T4 起点一致。整体分布空间比初级水平留学生更加集中一些,但是分布空间弯曲度比初级水平留学生更大一些。这说明,中级水平留学生仍然没有掌握汉语 T4 的陡降特点。终点位置标准差缩小,相较于初级水平留学生,终点整体下移,均线和下限都到达 1 度区。总体来看,中级水平留学生的 T4 调要比初级调域更广,可记为 51,与汉语母语者差别较小。

高级水平泰国留学生的 T4 分布图比中级更加优化。起点位置的标准差达到最小,说明高级水平留学生对 T4 起点的掌握最为稳定。而且,整体分布空间更加上移到 5 度区中间位置,可记为 51,与汉语 T4 调值完全一致。从调型来看,空间分布的弯曲程度比中级略有缓和,说明这更加靠近汉语的陡降标准。可以认为,高级水平泰国留学生的 T4 产出与汉语母语者几乎没有差别。

综上所述,不同水平泰国留学生的 T4 调掌握较好,调值随留学生汉语水平的提高而不断提高,脱离母语范畴,向目的语不断靠近。虽然调值偏误不明显,三种水平的留学生和汉语母语者 T4 调的发音听感并不影响意义表达,但是,因为调型是对音节声调的识别更为重要的线索,所以这种缓降的曲线调型特点即使在高级阶段仍然保留。这导致泰国留学生的 T4 产出极具母语韵律特征,泰语腔在汉语第四声调中体现较为明显。

# 第六节　泰国留学生汉语声调产出偏误成因

从不同阶段泰国留学生的产出中介语分析可以发现,初级水平泰国留学生的汉语声调发音与泰语有很大相似度,相似对应为:T1(55)—TT1(33)、T2(35)—TT5(14)、T4(51)—TT3(41)、T3(214)—TT5(14)。这与第三章感知相似度的结论一致。我们可以认为,初学声调的泰国留学生对于汉语声调的发音产出受到感知的影响最大。这表现为,阴平调与母语中平调混淆,阳平和上声混淆。但是这种相似度,只在初级阶段比较明显,原因是习得者从单音节开始学习,以上声的全调型输入为主。随着学习的不断深入,这种相似对应性逐渐减弱。中级、高级水平泰国留学生的发音产出中,将上声与阳平混淆的概率降低,但是忽视了上声的后半段升调,而以低降调型取代。原因可能是,初级阶段他们接触到的单音节输入比较多,而高级阶段已经受到了词、句子等动态语流中声调输入和输出的训练,因而逐渐建立上声范畴,固化了上声在语流中低降的认知。

另外,生理的发音习惯对声调产出也有一定影响。从发声角度来看,不同语言间发声时喉部肌肉活动的机制也存在明显的不同。通过控制嗓音而发出趋势单一的平、升、降调的调型,比复杂的曲折调更加容易。如果没有得到过锻炼,发音器官尤其是声带的活动就不够敏捷,因而对于 T3 的特殊发音,必须经过训练才能掌握。T3 中间部分基频的下降与发声方式有关,具有嘎裂声和气嗓音的嗓音特征,对于留学生来说具有一定的困难。图 4-7 是不同汉语水平者 T3"懂"发音波形与三维语图。汉语母语者的 T3 发音波形、嗓音和三维语图,呈现出嘎裂声和气嗓音的嗓音特征。在第一栏波形图中,中部无波形震动,在第二栏中,中部嗓音震动出现停止,而音节头和尾部嗓音震动较强。在第三栏中,基频曲线中断,黄色振幅曲线在中部瞬时减弱。T3 的这种特殊发声方式在汉语母语者中较为常见,而在初级水平泰国留学生中极为少见。初级水平学生发音波形呈现阳平的特点,音节尾部上扬,振幅逐渐减弱,基频曲线呈上升趋势,发音与阳平近似,并没有出现特殊的发声方式。中级水平泰国留学生 T3 后部上升幅度不足,未掌握 T3 的发声方式。图 4-7 中未出现嘎裂声和气嗓音的嗓音特征,从第一栏可看出波形振幅逐渐较弱,表现出去声的特征。从第二栏嗓音 EGG 信号可看出嗓音周期信号规律,频率逐渐减弱,嗓音中部震动无停顿。从第三栏可看出,基频曲线呈下降趋势。高级水平泰国留学生 T3 发音调值不仅准确,而且掌握了 T3 的特殊发声方式。如图 4-7 所示,高级水平泰国留学生与汉语母语者发声方式一致,都有嘎裂声和气嗓音的特征,在音节中部嗓音震动频率骤减,基频曲线呈现明显的凹形。

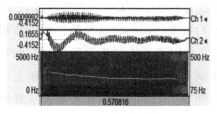

(a) 初级水平泰国留学生

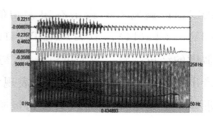

(b) 中级水平泰国留学生

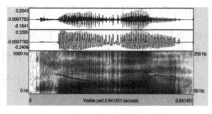

(c) 高级水平泰国留学生

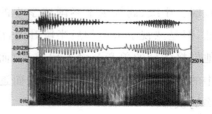

(d) 汉语母语者

图 4-7　不同汉语水平者 T3"懂"发音波形与三维语图

# 第七节　小　结

受母语迁移作用的影响,泰国留学生习得汉语的四个声调时比无声调母语背景的学习者有很大优势,但是也存在不少偏误。总体来看,四种声调的偏误率情况如下:三种水平的留学生四种调类偏误率分布基本一致,最高偏误率都集中于 T3。偏误率排序分别为:初级(T3>T2>T4>T1)、中级(T3>T4>T2>T1)、高级(T3>T2>T4>T1)。

四种单音节声调的偏误特征如下:

T1:初级与 TT1 无差异,与其他组有差异,中级、高级与汉语母语者无差异。阴平表现为调值偏误,高平发成中平。阴平对于泰国留学生而言,调型水平无起伏变化,易于加工,无论何种水平的留学生都能做到发音时调型基本正确,但调值多在 3 度到 4 度之间,低了 1 到 2 度,难达到 55。此时一般不影响意义表达的准确性。

T2:初级更接近 TT5。阳平偏误为起点偏低,升幅较小,调型偏曲折。中高级组与母语者区别不大。阳平对于各水平留学生而言,调型不是主要偏误,但是调域极其不统一。T3 发音时主要表现为调型偏误,留学生的表现多为先降后平,或者降长平短,升不上去等调型偏误。

T3:初级与 TT5 较为相似,留学生未掌握特殊发声方式时,易与阳平混淆。中高级起点抬高,拐点明显,但后半段升幅不够,容易发成低降调。T3 发音时主要表现为调型偏误,留学生的表现多为先降后平,或者降长平短,升不上去等调型偏误。由于在汉语语流中 T3 多发成 211 或 35,很少发足本音,因此泰国留学生发 T3 调从听觉上来看差别不大,对意义理解影响不大。但是从单字调的发声来看,T3 曲折调未能体现先降后升的特点,达到 214 或 213,因此可被视为偏误。

T4:初级与 TT3 最为接近,起点偏低、降幅偏小、曲率偏大。从调型来看,初级水平泰国留学生就已经轻松掌握去声调,不会出现调型偏误,但是受母语低降影响,降不到最低 1 度,听感上降调较缓,曲度较大,音节被拉长。这些特征可以看出泰国留学生的汉语调域较窄,起伏度较小,音节被拉长,语调拖沓。

本书认为,造成泰国留学生汉语单音节声调发音偏误的原因有二:一方面是因为受到感知的母语同化作用的影响,另一方面是与发音习惯有关。

# 第五章　泰国留学生汉语双音节声调产出特征

声调在孤立静止的语境中会有稳定的调型和调值，而在连续的语音环境里则是一种动态的表现。语流音变作用使得声调在语流中表现为另外一种或几种不同的声学特征，也就是音位的变体。由于汉语中双音节词的使用频率要比单字多得多，因此对于双音节的声调的考察尤为重要，在二语习得的教学当中，尤其要关注双音节词的教学。在不同的语音环境下，声调运用准确与否，可以直接影响到汉语发音的标准程度，甚至影响到语言交际。学习者在模仿或习得单字音调时可能没问题，但在语流中很容易出现"洋腔洋调"。

实验语音学认为，声调是一种相对的音高变化，不要求绝对音高频率的绝对值，而且在语流中声调是会发生变化的。在双音节词中，前后字声调在与相邻音节组合时将彼此发生影响，导致一定程度上的调型和调值变化。从调值来看，即使是汉语母语者，在自然语流中也很少能发到 55、35、214 和 51 这些标准调值。从调型来看，汉语的变调规律相对较简单，双音节的基本变调主要是上声的变调（包括半上、上声变阳平）。汉语上声（214）在阴平、阳平、去声之前变调成 21，另外当上声跟上声连读时，前字变阳平 35。除了上声变阳平之外，当双音节连读的时候还会出现其他不太明显的变调现象，例如，去声 51 可能会变成 53。那么，不同水平的泰国留学生在双音节声调产出中有何差异？与单音节的孤立声调对比，在不同声调对立组成的双音节词中，前后位置对留学生的声调产出有何影响？对其声调范畴的掌握是起到促进还是阻碍作用？

本章分析了初级、中级、高级三个阶段的泰国留学生的汉语双音节声调习得情况，共考察了 16 种声调组合情况。每个组合 10 对双音节词，共 160 对双音节词。一共分为初级、中级、高级 3 组，每组 20 位留学生。参照组是 20 位汉语母语者。本书的双音节词朗读语料是 14 种声调的全部搭配，共有 16 组。因为轻声音节的音高是不固定的，儿化的情况也比较复杂，所以本书只考察了标准的 16 种组合模式,去除轻声和儿化词语,也不包含"一""不"变调。上声变调的部分未标示出,仍标为原声调。每组 10 个词,一共 160 个,均注音,每个学生朗读一遍。

数据采集和基频处理的过程如下:使用 Speech Lab 对前后两个音节进行标记,提取基频参数,使用 Matlab 程序对基频数据进行平滑和归一化处理,转换成五度值,输出到 SPSS 进行统计分析。本章的统计分析主要采用层次聚类分析法,对每组发音人的每一种双音节组合的基频进行聚类分析。从聚类分析结果可以得出泰国留学生的声调偏误类型,从而对偏误进行归纳统计,最后进行比较分析。

# 第一节　汉语双音节声学特征

本书的普通话双音节分析,参照一男一女两位发音人(普通话一级乙等)的发音数据进行统计,图 5-1 为汉语双音节词组合调型曲线,按照前字四声分为四组。[①]

由图 5-1 可见,四声调的具体特征如下:

阴平调无论是前字还是后字,都与单字调差别不大,调型和调值稳定。后字阴平受协同发音影响,调型可能略向下倾。

前字阳平调型不变,调值保持高升趋势,跨越两度,调值可记为 35。后字阳平虽然也保持升调,但上升幅度有趋缓倾向。在自然语流中,后字接低起点阳平、上声时,前字阳平终点抬高,满足音高凸显规律。后字阳平调型不变,调值为 35 或 45。

前字上声分为两种情况:后接阴平、阳平、上声等非上声时,发低降段,无升段,调值为 21 或 32,跟单字调比调值升高;后接上声时,变调为阳平升调 35。后字上声分两种情况:当前字为阳平、上声、去声时,受协同作用影响,后字上声起点偏高,都降得很低,拐点后移,升段缩短,体现低降的主要特点,但存在拐点,保持调型;前接去声是顺接,后字上声起点都位于前字调域之下,常能保持先降后升的曲折调型。总之,对于上声而言,前字一般不出现完整的 214 曲折

---

① 为叙述方便,本书用符号"T12"表示双音节 T1+T2 组合,以此类推。

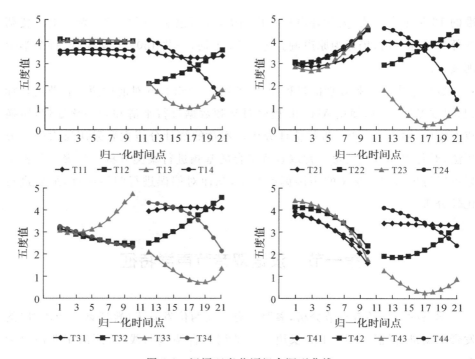

图 5-1　汉语双音节词组合调型曲线

调型,后字上声可能出现 213 的曲折调或者低降调。

去声无论是前字还是后字,调型和调值都较为稳定,调值为 52 或 53。在特别情况下,去声后接去声,后字去声起点逐渐降低,常导致后字调轻声化,更富于口语特征。

## 第二节　不同阶段泰国留学生汉语双音节声调产出总体偏误率统计

双音节声调的偏误判定标准仍然分为两类。一类是将一个音位错发成另一个音位,引起了意义辨识偏差,比如将"大"发成"达",此类应该归为偏误,容易听辨出来;另一类是调型正确,但是调值偏低或者偏高,带有一定的泰语口音,不影响意义的识别,此类归为缺陷,难以在听辨中把握正误的尺度,本书都不计入偏误统计中,而在后面的产出特征描述中予以说明。

## 一、16 种双音节声调偏误率分析

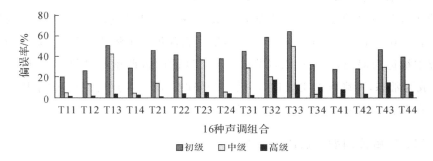

图 5-2　泰国留学生双音节声调总体偏误率分布

　　从图 5-2 来看,初级、中级和高级水平泰国留学生双音节声调产出的偏误率差异显著。从 16 种调型来看,初级水平泰国留学生偏误率较高(大于 50%)的是 T13、T23、T32、T33,偏误率较低(小于 30%)的是 T11、T12、T14、T41、T42。$t$ 检验结果显示,初级组男女差异显著,$p=0.023$,男生偏误率高于女生。从 16 种调型来看(见图 5-3),男女生在不同调类组合中的偏误率分布比较一致,不存在差异。可以看出,初级水平泰国留学生双音节声调偏误率具有共性,主要集中于 T2 和 T3,特别是前字 T2 和后字 T3。而这也是单音节习得的难点,必然会迁移到双音节语境中,而且更为复杂。

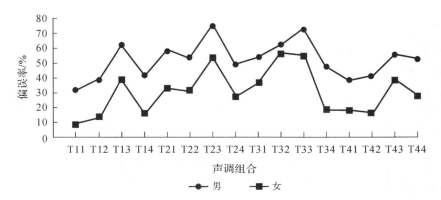

图 5-3　初级水平泰国留学生男女 16 种双音节声调偏误率统计

　　中级水平泰国留学生偏误率较高(大于 30%)的是 T13、T23、T33,偏误率较低(小于 10%)的是组合 T11、T14、T34、T41。$t$ 检验结果显示,中级组男女差异不显著,$p=0.123$,中级组各双音节声调偏误率普遍降低,平均降幅达到

50％左右,但是上声的偏误仍然较为突出。

高级水平泰国留学生偏误率最高的是 T32 组合,为 18.1％,超过 10％偏误率的还有 T43,其他组合偏误率都非常低。$t$ 检验结果显示,高级组男女差异不显著,$p=0.917$。高级组在单音节中的偏误表现集中于将 T3 发成低降调,在单音节中被记为偏误,但是在双音节语流中,T3 的曲折调型难以保持,低降 21 或 211 成为常态,不影响意义表达,不被记为偏误。所以,与单音节偏误率比较,高级组在双音节四种声调中的偏误极少。

## 二、前后位调型偏误趋向分析

双音节词给四种声调提供了语流中前位和后位两种不同语境,受前后发音时长以及协同发音影响,某种声调在前后位置的不同表现最值得关注。

表 5-1　初、中、高级水平泰国留学生双音节声调偏误趋向和偏误率

| 位置 | 错成 T1/％ | 错成 T2/％ | 错成 T3/％ | 错成 T4/％ | 合计/％ |
|---|---|---|---|---|---|
| 初级 | | | | | |
| 前字 T1 | | 1.9 | 1.0 | 6.5 | 9.4 |
| 后字 T1 | | 3.3 | 1.1 | 9.9 | 14.3 |
| 前字 T2 | 6.5 | | 0.8 | 4.0 | 11.3 |
| 后字 T2 | 7.2 | | 1.0 | 12.6 | 20.8 |
| 前字 T3 | 7.4 | 2.6 | | 2.8 | 12.8 |
| 后字 T3 | 8.6 | 19.9 | | 13.6 | 42.1 |
| 前字 T4 | 3.1 | 0.6 | 2.8 | | 6.5 |
| 后字 T4 | 7.5 | 7.6 | 2.8 | | 17.9 |
| 合计 | 40.3 | 35.9 | 9.5 | 49.4 | 135.1 |
| 中级 | | | | | |
| 前字 T1 | | 0.5 | 0.0 | 0.0 | 0.5 |
| 后字 T1 | | 2.0 | 0.4 | 6.1 | 8.5 |
| 前字 T2 | 2.7 | | 2.0 | 2.3 | 7.0 |
| 后字 T2 | 2.0 | | 0.7 | 4.1 | 6.8 |

续表

| 中级 | | | | |
|---|---|---|---|---|
| 位置 | 错成 T1/% | 错成 T2/% | 错成 T3/% | 错成 T4/% | 合计/% |
| 前字 T3 | 5.3 | 0.0 | | 1.6 | 6.9 |
| 后字 T3 | 2.9 | 4.9 | | 3.3 | 11.0 |
| 前字 T4 | 3.3 | 0.0 | 0.8 | | 4.1 |
| 后字 T4 | 3.3 | 0.8 | 1.6 | | 5.7 |
| 合计 | 19.5 | 8.2 | 5.5 | 17.4 | 50.5 |

| 高级 | | | | |
|---|---|---|---|---|
| 位置 | 错成 T1/% | 错成 T2/% | 错成 T3/% | 错成 T4/% | 合计/% |
| 前字 T1 | | 0.0 | 0.0 | 0.0 | 0.0 |
| 后字 T1 | | 0.0 | 0.0 | 0.8 | 0.8 |
| 前字 T2 | 3.3 | | 0.0 | 0.8 | 4.2 |
| 后字 T2 | 0.0 | | 0.0 | 3.3 | 3.3 |
| 前字 T3 | 0.8 | 0.8 | | 0.8 | 2.5 |
| 后字 T3 | 0.0 | 1.7 | | 2.5 | 4.2 |
| 前字 T4 | 4.0 | 0.8 | 0.8 | | 5.6 |
| 后字 T4 | 1.7 | 0.0 | 0.8 | | 2.5 |
| 合计 | 9.8 | 3.3 | 1.6 | 8.4 | 23.1 |

从表 5-1 可以看出,虽然不同水平的留学生调型偏误差异较大,但偏误趋向有较高的一致性,错成阴平和去声的概率较大,错成阳平和上声的概率较小。这说明,泰国留学生对平调和降调的掌握最为熟练,容易将其作为发音偏误中的替代调型。

从前后位偏误率比较来看(见图 5-4),初级水平泰国留学生四种声调的偏误率分布情况为:T1,前后相近;T2,后字偏误大于前字;T3,后字偏误远大于前字,约为前字的 3 倍;T4,后字偏误比前字大 3 倍。中级水平泰国留学生四种声调的偏误率分布情况为:T1,后字大于前字;T2,前后字相近;T3,后字偏误略大于前字;T4,后字偏误与前字相当。高级水平泰国留学生四种声调的偏误率分布情况与初级差异巨大,四种声调的偏误都很低,不存在前后位的偏误差异显著性。

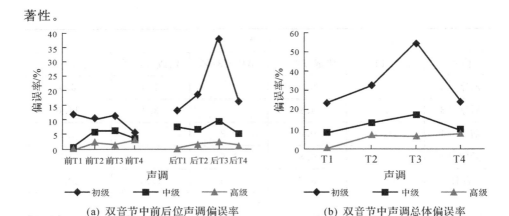

(a) 双音节中前后位声调偏误率　　　(b) 双音节中声调总体偏误率

图 5-4　初级、中级、高级水平泰国留学生双音节声调前后位偏误率(a)及总体偏误率(b)

从四个声调的总体偏误(前后合计)情况来看,初级组和中级组的偏误顺序一致:T3、T2、T1、T4。这与单音节声调的习得情况一致。随着汉语水平的提高,T3 的偏误大幅降低,到了高级阶段,双音节声调的 T3 产出比较稳定,与其他三个声调无显著差异。而高级组之所以有和单音节中不同的偏误表现,原因就在于在双音节语流中对 T3 发音标准的降低。它以低降调为常见形式,因此从听感上来说,即使留学生在双音节中弱化了后字 T3 的曲折调型,也难以感知出来,不影响意义的表达。

# 第三节　不同阶段泰国留学生汉语双音节声调产出特征

## 一、前字阴平组合

在汉语母语者双音节声调产出中,前字阴平产出比较集中稳定,调型平直,调值分布可记为 55 或 44。

从前字位置来看,初级水平泰国留学生的 T1 偏误率(9.0%)显著,高于中级(0.5%)和高级(0.0%)。这说明,初级水平泰国留学生对双音节声调中的阴平并没有单音节中掌握得好,阴平在与其他声调组成对立共现时产出不稳定,显然是受到了后字的影响。初级水平泰国留学生的前字阴平调型偏误可能出现的有三种,即升、降升、降,错成三种调型的出现率分别为 1.9%、1.0%、

6.5％,用去声降调来代替阴平的现象比较普遍。而到了中、高级阶段,前字阴平的偏误很少出现。

从 T11、T12、T13、T14 四种组合来看,初级组偏误集中于 T12 和 T13,受语流音变的影响比较突出,后字阳平和上声的起点都低于去声,因此有将前音节的阴平调拉低的倾向,导致有的学生将 T12 中的前阴平发成了降调,与后字升调形成对照。T13 中的典型偏误是将前字发成降调,后字发成升调,偏误类型和 T12 一致。

从频差来看,初级组前字阴平调起末点频差均值为 9 赫兹,中级组频差范围扩大,前字为 5 赫兹,高级组前字为 4 赫兹,汉语母语者前字为 2 赫兹,可见初级组和中级组起末点差异较大,起点高于末点,调型有下降趋势,从而反映了初级和中级水平泰国留学生阴平调有发成低降的偏误。高级水平的学生和汉语母语者更为接近,阴平调的调型比较平直。从调值音高来看,初、中、高的前字阴平的调值可记为 44、33,不具有水平差异,只有个体发音习惯差异,比汉语母语者略低,这与单字调的习得特征不一致。在双音节词中,对绝对音高的要求降低,每个人的阴平调值产出受到很多因素的影响,在不同声调对立或者不同的情绪状态下出现很自由的变动。

从语音的协同作用来看,初级组表现出前字调末点和后字调起点相近的情况,即同化作用;中级阶段有的留学生掌握了逆向协同的发音特点,音高凸显作用逐渐增强;到了高级阶段,则和汉语母语者有了更为一致的发音特点。在前字末点高、后字起点低的组合中,如 T12 和 T13,前后字的音高高低出现异化作用,即高者更高,低者更低,听感上可以突出双音节词中的两声调差异,清晰可辨。中级组和高级组与汉语母语者前字阴平的调值和调型受后字起点影响的规律相同,表明后接 T2、T3 的调值高于后接 T1、T4,体现了音高凸显的汉语特征。这说明,对于泰国留学生而言,前字阴平在 T12、T13 字组中有助于提高调值,改善调值偏误,而在 T11、T14 组合中则不利于改善阴平调值的语境。

## 二、后字阴平组合

在汉语母语者的双音节声调产出中,后字阴平产出比较集中稳定,调型平直,调值分布可记为 33、44、55,其中以 44 占绝大多数比例。

从前后字位置偏误来看,初级组后字阴平偏误率(14.3％)显著高于前字阴平(9.4％),中级组后字阴平偏误率(8.6％)显著高于前字阴平(0.5％),高级组前后差异不大,后字偏误趋于 0.0%。初级水平泰国留学生的后字阴平调型偏误可能出现的有三种——升、降升、降,错成三种调型的出现率为 3.3%、1.1%、9.9%,仍是用去声降调来代替阴平的现象比较普遍。中级组情况类似,错成三种调型的出现率为 2.3%、0.1%、6.1%。而到了高级阶段,则只错成一种降调调型,出现率为 0.8%,这说明降调的偏误趋向是前后字阴平产出的主要偏误趋势,与单音节词一致。也就是说,留学生最容易将平调发成降调,在双音节词中的后位最为明显。

从 T11、T21、T31、T41 四种组合来看,初级组偏误集中于 T21 和 T31。有的学生将 T21 中的后阴平发成了降调,与前字升调形成对照。T31 中的典型偏误是前字发成降调和升调。

在相对正确的组合中,泰国留学生的发音与汉语母语者有差异。比如,虽然在 T41 组合中偏误较少,但泰国留学生的泰语腔调明显,即使到了高级阶段也没有消除。从语音协同作用来看,前接高音末点和低音末点的情况表现不同。T21 组合中的阴平调相对调值偏高,在 T41 中,后字阴平的起点被拉低,造成后字调值偏低,平调极易被拉长。图 5-5 显示的是分别由汉泰两位女发音人发的"列车"这个词的音高对比,在 T41 组合中,泰国留学生的后字发音具有轻声化倾向。而高级水平泰国留学生则比较接近汉语母语者,后字阴平的产出调值稳定偏高。

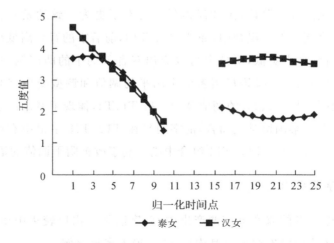

图 5-5　初级和高级水平泰国留学生和汉语母语者 T41 声调音高对比

### 三、前字阳平组合

在汉语母语者双音节声调产出中,前字阳平产出比较集中稳定,与单音节声调比较,调型曲率变小,调值达不到35的2度升幅,缓升可记为34和45。

从前字位置来看,初级水平泰国留学生的前字阳平偏误率(11.4%)显著高于中级(7.0%)和高级(4.1%)。初级水平泰国留学生的前字阳平调型偏误出现的可能有三种:平、降升、降。错成三种调型的出现率为6.5%、0.8%、4.0%,用阴平调来代替阳平调的现象比较普遍。中级水平泰国留学生的前字阳平调型偏误出现的可能与初级水平泰国留学生相同,也是平、降升、降三种,但错成三种调型的出现率相等,均为2.7%、2.0%、2.3%。高级水平泰国留学生错成两种调型,即平、降,出现率为3.3%、0.8%。这说明,前字阳平错成平调的偏误比较普遍,因为阳平的前位位置发音时长短,调型不饱满,导致高升变缓升,调型趋于平缓。

在相对正确的发音中,不同水平的留学生的前字阳平发音与汉语母语者相比仍有差异(见图5-6):初级水平泰国留学生的前字阳平低降段准备时间延长,导致拐点位置后移,终点位置与起点差异较小,调型逐渐趋于曲折调,阳平和单字调T3调型相似;高级水平泰国留学生的前字阳平起点和终点调值集中,调型稳定。

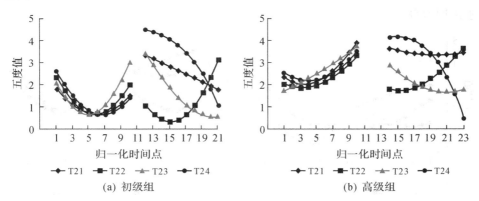

(a) 初级组　　　　　　　(b) 高级组

图5-6　初级(a)和高级水平留学生(b)前字阳平音高曲线

### 四、后字阳平组合

在汉语母语者双音节声调产出中,后字阳平发音饱满,调型与单音节声调产出较为一致,调值可记为 35 和 24。

从前后字位置偏误来看,初级水平泰国留学生的后字阳平偏误率(20.8%)接近前字偏误率的 2 倍;中级水平泰国留学生的后字阳平偏误率(6.9%)接近前字;高级水平泰国留学生前后字偏误率差异不大,后字偏误率为 3.3%,略低于前字。初级水平泰国留学生的后字阳平调型偏误出现的可能有三种:平、降升、降。错成三种调型的出现率为 7.2%、1.0%、12.6%,仍是用去声降调来代替阳平的现象相对较多,这与初级水平泰国留学生前字主要错成平调的情况不同。中级水平泰国留学生情况类似,错成平、降升、降三种调型的出现率为 2.0%、0.7%、4.1%,可见错成降调的概率较突出。而高级水平泰国留学生则只错成一种调型降调,出现率为 3.3%,这说明后字阳平产出的主要偏误趋势是降调。

因为重音在后字比较普遍,所以初级水平泰国留学生的阳平产出升段之前的低降缓冲比较明显,形成拐点,与上声容易混淆(见图 5-7)。中、高级水平泰国留学生后字阳平的出错率显著减少,原因是他们有足够的时间发完整的音节,易于突出升调段。高级水平泰国留学生在 T22 组合中,无论前字还是后字偏误率都有所降低,前后字调型、调值与单字调一致性较高,后字阳平与前字无显著差异。这说明,高级水平泰国留学生对阳平已经掌握得很好,受语境因素的影响并不显著。同时,没有复杂调型变化的语境对于留学生而言,更加有助于声调习得。

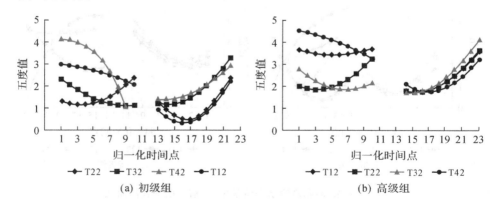

图 5-7 初级(a)和高级水平留学生(b)的后阳平音高曲线

### 五、前字上声组合

汉语母语者的前字上声分两种情况：在 T31、T32、T34 组合中只有低降段，升段不明显，或者不是主要趋势；在 T33 中要变成阳平，凸出升势。

从前字位置偏误来看，初、中、高级水平泰国留学生的前字上声偏误率（分别为 12.8％、6.9％、0.8％）都与阳平的情况相同，并不十分突出。初级水平泰国留学生的前字上声调型可能出现的偏误有三种，即平、升、降，错成三种调型的出现率为 7.4％、2.6％、2.8％；中级水平泰国留学生的前字上声调型错成平、升、降三种调型的出现率为 5.3％、0.0％、1.2％；高级水平泰国留学生错成三种调型的出现率均为 0.8％。

对于初级水平泰国留学生而言，前字上声产出有两种：一是直接迁移单字调先降后升的曲折调型到双音节词语境中，因为初级水平泰国留学生对音节不熟悉，更倾向于将双音节词读成单字的直接组合，而对于语流中的音变则没有掌握；二是把前字上声发成降调，没有拐点，降幅比 T3 里的低降段大，这可以被认为是调型偏误。在 T33 中，初级水平泰国留学生没有变调，本来应该发成升调的地方却发成降调，而后字上声 T3 却发成升调，前后都有偏误，这说明初级水平泰国留学生的上声在双音节组合中的产出表现很差。

中级水平泰国留学生的前字上声调域偏大，调值为 41，接近去声，但是在底部却有拐点出现。在 T33 中，中级水平泰国留学生的前字调型与单字 T3 类似，也没有变调，而后字 T3 却出现发成去声高降调的偏误。

高级水平泰国留学生的前字 T3 与汉语母语者相似，在 T31、T32、T34 组合中只有低降段，有拐点，且降幅不大，在 T33 中变成阳平，调型与阳平一致。这说明，到了高级阶段，泰国留学生对前字 T3 已经掌握得很好。

图 5-8 显示了初级水平和高级水平泰国留学生对于前字 T3 的双音节词的发音差异。高级组前高 T3 的发音调型较为统一，说明到了高级水平，留学生已经能较为稳定地掌握上声在双音节中的发音。

### 六、后字上声组合

汉语母语者的后字 T3 仍然保持了跟单字调相同的先降后升的调型，原因是后字更有时间把声调加工完整。当然，在不少情况下，后字的 T3 也是以低降为主，都属于正常的发音范围。对于泰国留学生而言，单音节 T3 想做到完整发

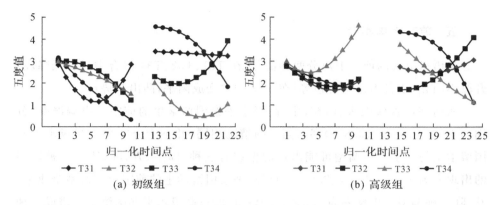

(a) 初级组　　　　　　　　　　　(b) 高级组

图 5-8　初级(a)、高级水平泰国留学生(b)前字 T3 音高曲线

音都比较困难,因此在双音节词中,无论是前字还是后字,基本都以低降调型为主,很少有全调型出现。

　　从前后字位置偏误来看,初级水平泰国留学生的后字 T3 偏误率(42.1%)接近前字偏误率的 4 倍,中级水平泰国留学生的后字 T3 偏误率(11.0%)接近前字的 2 倍,高级水平泰国留学生的后字 T3 偏误率(4.2%)接近前字的 2 倍。初级水平泰国留学生的后字上声调型偏误可能出现的有三种,即平、升、降,错成三种调型的出现率为 8.6%、19.9%、13.6%;中级水平泰国留学生错成平、升、降三种调型的出现率为 2.9%、4.9%、3.3%;高级水平泰国留学生错成三种调型的出现率为 1.7%、0.0%、0.8%。从数据分析可以看出,初级水平泰国留学生的主要偏误是将后字上声发成阳平,这种偏误随着学习阶段的不断提升会有改进,到了高级阶段这种偏误率降低为 0.0%。也就是说,到了高级阶段,泰国留学生注意到了双音节词中上声低降的特点,发音较为准确,不会再出现升调偏误。这与单音节上声的产出在三个水平上的分布规律一致:初级水平泰国留学生最容易将上声调发成阳平;而高级水平泰国留学生没有这种偏误,普遍将上声发成低降。

　　T13、T23、T33、T43 是初、中级水平泰国留学生偏误率较高的四种组合。从图 5-9 可以看出,初级水平泰国留学生对于后字 T3 的偏误趋向有平调和升调,其中有三种组合都错成升调,调型曲线跟阳平一致。这说明,对初级水平泰国留学生而言,双音节中的后字 T3 更容易和阳平混淆。

　　高级水平泰国留学生的后字 T3 产出表现与汉语母语者比较一致,可出现曲折调和低降调。曲折调一般出现在 T13 组合中,在其他组合中则容易出现低

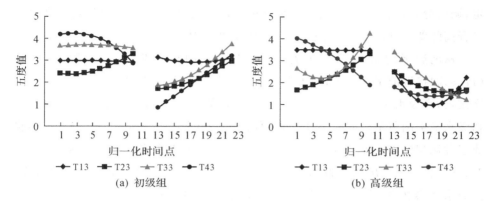

图 5-9　初级(a)、高级水平泰国留学生(b)的后字 T3 音高曲线

降调型。在 T33 中,前字 T3 变调准确,后字降幅偏大,错成去声,这是高级水平泰国留学生 T33 中常见的偏误类型。

总之,在各个水平段,T33 都是最难习得的,且涉及变调,因此很难做到发音准确、腔调饱满。

### 七、前字去声组合

在汉语母语者双音节声调产出中,前字去声产出比较集中稳定,男女的调型略有差异,女性有弧度,调域偏窄,男性发音时间短,下降快于女性,调型偏陡直,调值分布可记为 52 或 53。

从前字位置来看,初级水平泰国留学生的前字 T4 偏误率(6.4%)接近中级水平泰国留学生的 4.1% 和高级水平泰国留学生的 5.6%。这说明,各水平的泰国留学生双音节中的前字去声掌握程度差异不大。初级水平泰国留学生的前字去声调型偏误可能出现的有三种,即平、降升、升,错成三种调型的出现率为 3.1%、2.8%、0.6%;中级水平泰国留学生的去声前字错成三种调型的出现率为 3.3%、0.8%、0.0%;高级水平泰国留学生的去声前字调型错成三种调型的出现率为 4.0%、0.8%、0.8%。留学生用阳平升调来代替去声的现象比较少见,以阴平调来代替去声的情况居多,这也是因为阴平调容易加工,留学生能熟练掌握。

### 八、后字去声组合

在汉语母语者双音节声调产出中,后字去声产出比较灵活,起点位置不固定,调值分布可记为41、53、52。在很多双音节词中,后字的去声调域有变窄或者音高降低的倾向,比如轻化就是一种极端的变体。

从前后字的位置偏误来看,初级水平泰国留学生的后字 T4 偏误率(17.9%)接近前字的 3 倍;中级水平泰国留学生的后字 T4 偏误率(5.7%)与前字接近;高级水平泰国留学生的后字 T4 偏误率为 2.5%,低于前字(5.6%)。初级水平泰国留学生的后字 T4 调型偏误可能出现的有三种,即平、降升、升,错成三种调型的出现率为 7.5%、2.8%、7.6%;中级水平泰国留学生错成平、降升、升三种调型的出现率为 3.3%、1.6%、0.8%,错成升调的出现率大幅减少;高级水平泰国留学生后字 T4 调型错成平、降升、升三种调型的出现率为 1.7%、0.8%、0.0%。中、高级水平泰国留学生用阳平升调来代替去声的现象较少,以阴平调来代替去声的情况较多。

无论是前字还是后字,泰国留学生去声调型的偏误率都是最低的,但是调值调域偏误比较突出。在相对正确的发音组合中,后字去声的表现与汉语母语者的发音有一定的差异。从调域来看,汉语母语者的去声调值是 51 或 52;泰国留学生的是 53 或 43,调域偏窄。汉语母语者的去声起点和前字持平,说明汉语母语者的去声产出非常稳定,受语境因素影响很小。而泰国留学生的普遍发音规律表现为后字去声常加重音,导致"洋腔洋调"的出现。比如,图 5-10 中最具代表性的"阴平+去声"组合"音乐"和"去声+去声"组合"浪费"。

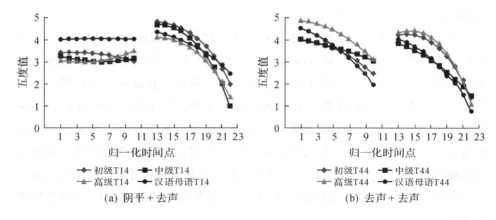

(a) 阴平 + 去声          (b) 去声 + 去声

图 5-10  不同水平留学生与汉语母语者"阴平+去声"T14(a)和"去声+去声"T44(b)

在汉语"阴平+去声"组合中,前字阴平和去声都是高音,因此前字末点和后字起点的调值差不大,有的甚至出现后字去声起点低于前字阴平末点的现象。而泰国留学生都倾向于在后面加重音，前字阴平调值偏低，后字去声起点抬高。受协同发音的影响，前字末点调值有提高趋势，形成前字阴平尾部有升的现象。从图5-10(a)可以看出，初级和中级水平泰国留学生前低后高的调差最大，到高级阶段调差逐渐缩小，与汉语母语者接近。

汉语中"去声＋去声"组合从"51＋51"变为"53＋41"，前音节音高高于后音节。在该变调组合中，初级水平泰国留学生发音时不会出现调型偏误，但会出现调域偏误，即后音节音高高于前音节，从而造成听感上的"洋腔洋调"。如图5-10(b)所示，在初级水平泰国留学生的"去声＋去声"发音中，前后音节未发生变调，而且后音节音高高于前音节，与图5-10(b)中汉语母语者的变调模式相反。中级水平泰国留学生对该变调的掌握程度与初级阶段相比有显著提升，不会出现在初级阶段后音节音高高于前音节的现象。高级水平泰国留学生对该变调的掌握程度较好，前音节的音高整体高于后音节约一度，后音节的音高尾部均比前音节低。高级水平泰国留学生已经掌握了"去声＋去声"的变调方法，变调模式与汉语母语者接近。

# 第四节　泰国留学生双音节声调调域偏误特征

对于汉语母语者而言，在语流中表现出的音高高低变化更加突出，因此双音节词发音中常常有前字和后字音高凸显的特征，即在连接前终点和后起点时表现为高者更高，低者更低。比起单音节词的调域，双音节词的调域更大。泰国留学生的调域都比较低而集中，这说明他们并没有音高凸显的意识，而且没有掌握音高凸显的发声方式。不同汉语水平学习者的双音节词的组合频差如表5-2所示。

表5-2　不同汉语水平学习者的双音节词的组合频差　　　（单位：赫兹）

| 汉语水平 | 双音节词的组合频差 | | | |
| --- | --- | --- | --- | --- |
| | 性别 | 均值 | 最大值 | 最小值 |
| 初级 | 女 | 243 | 167 | 102 |
| | 男 | 129 | 166 | 90 |

续表

| 汉语水平 | 双音节词的组合频差 | | | |
|---|---|---|---|---|
| | 性别 | 均值 | 最大值 | 最小值 |
| 中级 | 女 | 140 | 175 | 105 |
| | 男 | 140 | 185 | 90 |
| 高级 | 女 | 149 | 243 | 80 |
| | 男 | 150 | 200 | 100 |
| 汉语母语者 | 女 | 190 | 274 | 145 |
| | 男 | 213 | 290 | 136 |

　　如表 5-2 所示,对于汉语母语者而言,最大频差为男声,可达 290 赫兹。而该男声的单音节四声调统计频差为 140 赫兹。这说明,双音节词的发声频域远远大于单音节词发声频域,即在双音节词的声调组合中更加能凸显前字和后字的声调音高对比,突出汉语抑扬顿挫的韵律特征。各阶段的泰国留学生频差均值相差不大,但与汉语母语者的均值水平相差较大。这说明,调域偏窄是泰国留学生汉语声调产出的典型特征。从最大值来看,初级水平泰国留学生的频域差为 167 赫兹,还没有达到汉语母语者的平均水平。在听感上,初级水平泰国留学生发音较平缓,起伏变化不大。这与泰语母语的声调特征相符合。这说明,泰国留学生受母语迁移作用的影响较大。到了高级阶段,不少泰国留学生的频差已经和汉语母语者很接近了,最大值可达 240 赫兹。

# 第五节　泰国留学生双音节声调产出时长特征

　　时长是双音节产出的另一个重要参数。与汉语母语者相比,泰国留学生有很显著的拖音现象,出现明显的泰语腔。不同汉语水平学习者的双音节声调产出时长统计如表 5-3 所示。

表 5-3 不同汉语水平学习者的双音节声调产出时长统计

| 汉语水平 | 前后音节时长比（后/前） | | | |
| --- | --- | --- | --- | --- |
| | 均值 | 标准误差 | 95%置信区间 | |
| | | | 下限 | 上限 |
| 初级 | 1.053 | 0.018 | 1.016 | 1.090 |
| 中级 | 1.007 | 0.018 | 0.970 | 1.044 |
| 高级 | 0.981 | 0.018 | 0.944 | 1.018 |
| 汉语母语者 | 0.821 | 0.018 | 0.784 | 0.857 |

如表 5-3 所示，双音节调类组合和不同汉语水平主效应显著（$p=0.025$，$p<0.001$）。从 16 种双音节调类组合来看，三组泰国留学生双音节声调产出时长均值与汉语母语者有显著差异（$p<0.001$）。初级组与中级组差异不显著（$p=0.070$），但是和高级组有显著差异（$p=0.007$）。中级组和高级组之间差异不显著（$p=0.320$）。结合描述统计结果来看，整体而言，三个阶段的泰国留学生的双音节声调产出时长普遍比汉语母语者长，特别是初级水平泰国留学生双音节声调产出的时长最长，高级阶段逐渐缩短，向汉语母语者靠近，音节产出时长与汉语水平等级相关。不同汉语水平学习者的双音节词前后音节产出时长比统计如表 5-4 所示。

表 5-4 不同汉语水平学习者的双音节词前后音节产出时长比统计

| 汉语水平 | 前后音节时长比（后/前） | | | |
| --- | --- | --- | --- | --- |
| | 均值 | 标准误差 | 95%置信区间 | |
| | | | 下限 | 上限 |
| 初级 | 1.371 | 0.056 | 1.257 | 1.485 |
| 中级 | 1.354 | 0.056 | 1.240 | 1.468 |
| 高级 | 1.391 | 0.056 | 1.278 | 1.505 |
| 汉语母语者 | 1.236 | 0.056 | 1.122 | 1.349 |

从双音节前后字产出时长比较来看，后字产出时长普遍大于前字产出时长。但是，泰国留学生的后字与前字产出时长之比大于汉语母语者，这体现为：泰国留学生的音节时长分配在后字更为明显，也就是后字的拖调比较严重。这

种特点并不随汉语水平的提高而减弱。因为到了高级阶段,对音节的掌握已经熟练,辨认韵母的时间比较短,所以前字产出时长要比初级、中级短,与汉语母语者接近,这就使前后字的产出时长比加大,听起来,重音放在后字上,声调加长比较明显。这就是泰国留学生到高级阶段仍存在比较顽固的泰语腔的原因。

从汉语的 16 种双音节调类组合来看,汉语母语者前后音节产出的时长差异较大的是 T12、T24、T34,初级、中级特点一致,差异较大的是后字为阴平的 T11、T21、T31、T41 和后字为去声的 T14、T24、T34、T44,高级组的特点集中于后字阴平的组合。而 T2 和 T3 习得难度较大,同时受生理因素制约,发音上具有一定的限制,因此在双音节后字中,发音不够饱满,时长相对较短。特别是 T3,基本发成低降段,而没有升段。

# 第六节　不同阶段泰国留学生双音节声调产出偏误比较分析

综合以上分析可以发现,在双音节声调产出偏误中,初、中、高三个阶段的留学生在四个声调的前后位置上,偏误趋向既有相同点也有不同点。

相同点:(1)除了初级水平泰国留学生在 T1 的前字错成 T4 时出现较大的偏误之外,初、中、高三个水平的 T2、T3、T4 在前字位置时出现偏误的概率相近;也就是说,双音节词中的前字产出情况不具有水平效应。而且,前字的错成趋向也非常一致,按照概率大小排列为 T2:T2→T1、T2→T4、T2→T3;T3:T3→T1、T3→T4、T33→T2;T4:T4→T1、T4→T3、T4→T2。可以看出,三组前字错成 T1 的概率最大。(2)从后字的偏误趋向来看,初、中、高三组也有较高的一致性。按照错成概率大小排列为 T1:T1→T4、T1→T2、T1→T3;T2:T2→T4、T2→T1、T2→T3;T3:T3→T2、T3→T4、T3→T1;T4:T4→T1、T4→T3、T4→T2。除了后字 T3 错成 T2 的概率较大之外,后字错成 T4 的概率也比较大。

不同点:(1)初级水平泰国留学生四种声调的前后位置偏误情况差异较大,都是后字出现偏误的概率大于前字,而中级和高级水平泰国留学生四种声调发音的位置效应不明显,前后差异不大。中级只在 T1 调的前后位置略有不同,后位偏误略高于前位。高级只在 T4 调的前后位置略有不同,前位偏误略高于后位。这两者的偏误非常低,可以认为中级和高级的位置效应不如初级显著。

（2）初级水平泰国留学生与中、高级最大的区别在于初级水平泰国留学生经常将 T2 和 T4 发错。这两个声调的对立在四个声调中应该是最为明显的，在范畴感知中也发现了汉语母语者对于 T2、T4 对立组的识别和区分最好。但是，初级水平泰国留学生发音的偏误中，将后字 T2 发成降调 T4、T4 发成升调 T2 的概率很大。笔者认为，这不能从感知的角度来解释，而可能是因为初级水平泰国留学生受到词语熟悉度的制约。初级水平泰国留学生，特别是刚学一个月左右的留学生所掌握的词汇有限，双音节词更少，对于某些声韵组合并不熟悉，把注意力过多地放在了对音节的辨认上，从而对声调的加工出现了偏差。

# 第七节　小　结

本章对初、中、高三个阶段的泰国留学生汉语双音节声调习得进行了分析，总结出他们的双音节词产出特征，表现在以下几个方面：

（1）从 16 种调型来看，初、中、高级水平泰国留学生偏误率差异显著。初级水平泰国留学生偏误率较高（大于 50.0%）的有 T13、T23、T33、T32，偏误率较低（小于 30.0%）的有 T11、T12、T14、T41、T42。初级组男女差异显著，男生偏误率高于女生。中、高级组性别差异不显著。泰国留学生的双音节声调偏误率具有共性，主要集中于 T2 和 T3，特别是前字 T2 和后字 T3。

（2）从前后调的位置来看，初级水平泰国留学生四种声调的后字偏误明显大于前字；中级水平泰国留学生四种声调的偏误率分布情况前后趋近；高级水平泰国留学生四种声调的偏误率分布情况与初级差异巨大，四种声调的偏误都很低，不存在前后位的偏误差异显著性。从四种声调的总体偏误（前后合计）情况来看，初级和中级的偏误顺序一致，为 T3、T2、T1、T4，与单字调的习得一致。随着汉语水平的提高，T3 的偏误大幅降低，到了高级阶段，双字调的 T3 产出比较稳定，与其他三个声调无显著差异。

（3）从双音节调域来看，各个水平的泰国留学生（无论男生还是女生）的声调产出都表现出双音节词的起伏度不大，调域比较窄的情况。T14 和 T41 字组常常带有最明显的泰语腔特点。无论从双音节整体时长还是从前后字时长对比进行比较，泰国留学生的音节时长都大于汉语母语者，被拖长的音以后字阴平和去声为主。这些都是泰语腔在双音节声调中最为明显的体现。

# 第六章 泰国留学生汉语单音节声调感知研究

声调感知与产出关系密切。弗利奇认为,语音的感知先于产出,无论是缺乏经验的学习者还是高度熟练的学习者,其产生的偏误常常来源于感知的偏误(Flege,1995)。因此,对声调感知的研究可以解释产出中出现的深层次问题,以促进声调习得的研究。

感知研究是语音学和心理语言学重点关注的课题。在感知上存在两种模式:范畴感知,即两个音位间存在明确的感知边界;连续感知,即两个音位间不存在明确的感知边界,中间呈连续性的过渡。早期的范畴感知研究集中于辅音和元音,而对于声调这一超音段音位到底是范畴感知还是连续感知,目前的研究结论还不一致。王士元最早通过感知实验观察到阴平与阳平两个声调之间是范畴感知(Wang,1976)。Abramson(1962)的研究却指出,泰语三个平调的感知属于连续感知,而不是范畴感知。王韫佳、李美京(2010)通过实验发现,阳平与上声的感知模式不是连续感知,但也不是典型的范畴感知,其范畴边界较为特殊,起点音高、终点音高的特点和拐点位置的变化等,都对阳平和上声的感知存在影响。

从汉语学习者的声调感知来看,张林军(2010)研究发现,母语经验对汉语声调的学习存在较大影响:非声调语言母语的零起点学习者如日、韩学习者对汉语声调的感知模式最初是连续性的;而有声调语言母语的泰国学习者受到母语声调感知范畴的影响,对汉语声调的感知模式是范畴性的。经过一段时间的汉语学习后,非声调语言母语者汉语声调的范畴感知模式开始发生变化,逐渐与汉语母语者的感知范畴模式接近。该研究表明,二语语音习得中声调感知范畴是可塑的、可变的,但该研究并没有解释学习者的语音产出受到母语声调感知范畴影响的具体原因。

本章的研究目的有两个方面:一是研究初级、中级、高级三个阶段的泰国留学生对汉语单音节声调的识别和区分感知特征,二是研究初级、中级、高三个阶段泰国留学生对汉语声调感知模式的变化过程。研究方法为范畴感知研究范式,即通过识别和区分两个实验的相互验证(感知实验分为识别实验和区分实验两部分,实验方法和过程详见第二章),判断泰国留学生对汉语单音节声调的感知类型。本章通过对实验数据进行统计分析,画出识别曲线和区分曲线,提取识别边界位置、识别宽度、识别率之和、识别差值等参数,从而对四种声调的感知难度进行定量分析和比较。

# 第一节　阴平与阳平组识别和区分实验

## 一、T1—T2 识别实验结果比较

　　T1—T2 组单音节感知识别实验中分别以真实阴平 T1 和阳平 T2 单音节基频数据为基础声源各合成了 10 个样本,每个样本播放 2 次。每个被试共测试 40 个样本,其中基于 T1 声源的样本 20 个,基于 T2 声源的 20 个。初级、中级、高级三组每组 20 个被试,一共 60 人。对初级、中级、高级三组的数据分别进行统计分析,每个水平组都有 6 对声调组合,每对声调组合中都有正反序两类样本。将正反序 10 个样本识别为 T1 或 T2 的频率分别进行计数,统计后计算得到每个样本的识别率。

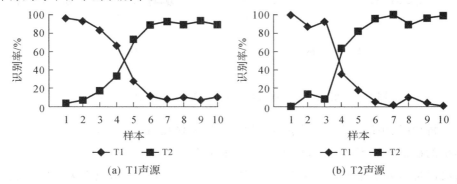

(a) T1声源　　　　　　　　　　(b) T2声源

图 6-1　初级组基于 T1 声源(a)和 T2 声源(b)合成样本的识别曲线对比

　　图 6-1 是初级组基于 T1 声源和 T2 声源合成样本的识别曲线对比。为了

判断二者的识别率是否存在显著差异,笔者分别对初级、中级、高级三组基于T1 和 T2 声源的合成样本识别率进行了差异显著性检验。表 6-1 是初级组检验结果,双侧检验 $Sig.$ 值为 0.108,大于显著性水平 0.050,因此二者不存在显著性差异。对中级和高级组也进行差异显著性检验,中级和高级组均不具有显著性差异,也就是说嗓音在初、中、高级水平泰国留学生阴平和阳平对立组的感知中不起作用。

表 6-1　初组组双音节组合频差①

| | | 成对差分 | | | | $t$ | $df$ | Sig. (双侧) |
|---|---|---|---|---|---|---|---|---|
| | 均值 | 标准差 | 均值的标准误 | 差分的 95% 置信区间 | | | | |
| | | | | 下限 | 上限 | | | |
| 对 1　VAR00031-VAR00002 | 6.15000 | 10.89447 | 3.44513 | −1.64343 | 13.94343 | 1.785 | 9 | 0.108 |

　　由于基于不同声源的合成样本不存在显著差异,因此把识别结果进行合并,得到初级、中级、高级水平泰国留学生阴平组和阳平组的识别曲线。如图6-2所示,汉语母语者的识别曲线引用于谦(2017)的统计结果进行对比。

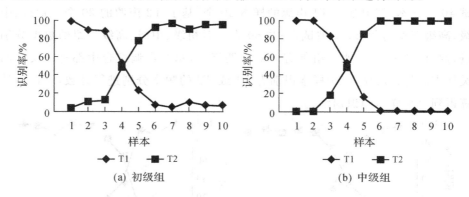

图 6-2　初级组(a)和中级组(b)T1—T2 对立组识别曲线对比

　　将初级、中级、高级水平泰国留学生识别率做比较后发现,初级水平泰国留学生的识别曲线不够稳定,中级和高级水平泰国留学生的识别曲线较为稳定,与汉语母语者更接近。初级水平泰国留学生把1—3 号样本识别为 T1,但识别率较低。4 号样本处于识别边界上;6—10 号样本被识别为 T2,但不够稳定,特

---

① 　此类表格为系统导出,第1行第1列无表头。

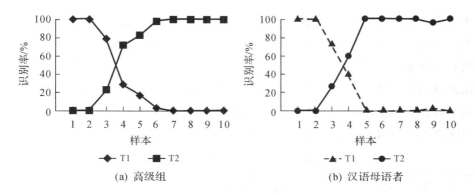

图 6-3　高级组(a)和汉语母语者(b)T1—T2 对立组识别曲线对比

别是 6 号和 8 号样本,识别率未达到 100%。这说明,初级水平泰国留学生对 T1—T2 的辨识存在一定程度的混淆。中级水平泰国留学生的 T1—T2 识别边界与初级水平泰国留学生一致,识别边界也是 4 号样本,二者的 T1 和 T2 识别范畴相同。高级水平组的识别边界在 3 号与 4 号样本之间,3 号样本的识别率降低,4 号样本的识别率较高。

　　如图 6-3 所示,高级水平泰国留学生与汉语母语者类似,二者识别边界均在 3 号与 4 号之间,区别在于汉语母语者把 5 号样本 100% 地识别为 T2,而高级水平泰国留学生把 5 号样本识别为 T2 的概率是 83%,三个阶段中高级水平泰国留学生的识别曲线与汉语母语者最为接近,但仍存在一定区别。

　　对识别结果进行二元逻辑回归分析,可得到回归方程系数。系数 $b_1$ 表示斜率,其绝对值越大表明范畴化程度越高,初级水平泰国留学生的绝对值最小,为 0.796,表示识别曲线边界处斜率最小,感知范畴化程度最小。中级水平泰国留学生和汉语母语者的系数 $b_1$ 值绝对值较大,斜率最大,表明其范畴化程度最高。中级水平泰国留学生的 T1—T2 对立组感知范畴接近汉语母语者。从表 6-2 可以看出,初级水平泰国留学生的 T1—T2 对立组识别边界值最大,识别边界位置为 4.050,表明初级水平泰国留学生 T1 的范畴区域最大。从识别边界宽度参数来看,中级组最小,为 1.100,接近汉语母语者的 1.080,说明中级水平泰国留学生的识别率最高,范畴化程度最高。初级组识别边界宽度为 1.470,数值最大,表明初级水平泰国留学生的识别率最低,感知范畴化程度最弱。从识别率之和(该参数计算方法为:将每个样本的识别率去掉百分号相加)来看,高级组最高,为 930,初级组最低,为 873,识别率之和的大小与泰国留学生的汉语水平成正比。从识别差值(该参数计算方法为:1000 减去识别率之和)看,初级水平泰国留学生识别差值最大,为 127,远高于中级水平泰国留学生的 80。初级和中级水平泰国留学生与汉语母语者识别差值最大;高级水平泰国留学生与汉语母语者一致,均为 70。这表明,初级和中级水平泰国留学生对汉语阴平和阳平的识别存在一定问题,容易将二者混淆;而进入高级水平之后,泰国留学生对汉语阴平和阳平的辨识就与汉语母语者相同了。

表 6-2　不同类别被试 T1—T2 对立组识别曲线参数对比

| 汉语水平 | 常量 $b_0$ | 系数 $b_1$ | 识别边界位置 | 识别边界宽度 | 识别率之和 | 识别差值 |
|---|---|---|---|---|---|---|
| 初级 | 3.227 | −0.796 | 4.050 | 1.470 | 873 | 127 |
| 中级 | 8.017 | −2.004 | 4.000 | 1.100 | 920 | 80 |
| 高级 | 6.748 | −1.800 | 3.750 | 1.220 | 930 | 70 |
| 母语者 | 7.585 | −2.039 | 3.720 | 1.080 | 930 | 70 |

　　图 6-4 是初级、中级、高级水平泰国留学生和汉语母语者 T1—T2 对立组识别曲线对比,高级水平泰国留学生和汉语母语者的识别曲线在左侧,表示 T1 的识别范畴较小,初级、中级水平泰国留学生的识别曲线靠右侧,表示 T1 的识别范畴较大。初级、中级、高级水平泰国留学生的识别范畴呈现从大到小的趋势。在识别边界处,高级水平泰国留学生和汉语母语者的斜率变化最大,表明高级水平泰国留学生和汉语母语者的范畴化程度较高;初级和中级水平泰国留学生识别边界处的斜率较小,表明范畴化程度较小。四条曲线整体契合度较高,差异较小,表明三个阶段中 T1—T2 对立组识别范畴变化较小。

**二、T1—T2 区分实验结果比较**

　　区分实验采用 AX 型,判断一对样本是否相同。六个对立组中,每组有两个来自不同声源的合成样本,每种声源样本有不同对 16 个样本,相同对 8 个样本,每个样本播放两次,对每组 20 位被试进行 T1—T2 区分实验,共得到 960 个判断样本。960 个样本分别通过 T1、T2 两组不同的声源合成得到,因此需要对两组不同来源的样本感知结果进行独立性检验。960 个样本分为两组,每组各 480 个样本,每个样本以 0 和 1 表示判断相同和不相同。该实验不是连续的概率数值,因此采用非参数卡方检验。如表 6-3 所示,高级组的卡方检验结果为 $p=0.999$,说明两种声源组不具有显著性差异,不同的声源对区分实验没有影

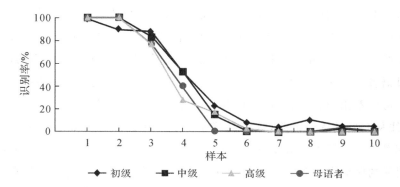

图 6-4　初级、中级、高级水平泰国留学生和汉语母语者 T1—T2 对立组识别曲线对比

响。初级组和中级组的显著性检验显示也无显著性差异。

表 6-3　对两组不同声源的高级水平泰国留学生 T1—T2 对立组区分结果的差异性检验

| | 值 | $df$ | 渐进 $Sig.$（双侧） |
|---|---|---|---|
| Pearson 卡方 | 0.660[a] | 7 | 0.999 |
| 似然比 | 0.660 | 7 | 0.999 |
| 线性和线性组合 | 0.000 | 1 | 1.000 |
| 有效案例中的 N | 416 | | |

图 6-5 是 T1—T2 对立组中 8 对样本的高级组区分实验结果，可以看出，2—4 对的区分率最高，达到 55％，其次是 1—3 对，达到了 52.5％，也就是说，区分高峰在 2—4 对样本之间。

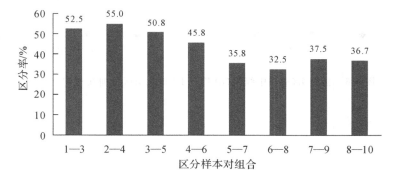

图 6-5　高级水平泰国留学生 T1—T2 对立组各样本对的区分率

　　将 8 对样本的区分率形成一条曲线，与识别曲线放在同一张图中。如图 6-6 和图 6-7 所示，这条曲线是不同水平泰国留学生 T1—T2 对立组区分曲线和识别曲线。其中，三角形数据点是区分曲线，它依次显示了 8 对样本的区分率。汉语母语者实验组的识别和区分曲线引用于谦（2017）的统计结果进行对比。从图中可以看出，初级组的区分曲线开端 2 号样本区分率大于 3 号样本的区分率，曲线从起始处逐渐下降，区分高峰不显著。中级组区分曲线开端 2 号样本区分率等于 3 号样本区分率，区分曲线高峰也不显著。高级组的区分曲线可以看出明显的区分高峰是 3 号样本，3 号样本区分率大于左右侧的 2 号和 4 号样本区分率，区分高峰所在位置接近识别边界。区分曲线的高峰位置与识别曲线的识别边界重合，二者相互印证识别边界在第 3 号和第 4 号样本之间，这表明高级水平泰国留学生对汉语阴平和阳平 T1—T2 的感知是范畴感知。但是，与汉语母语者相比，即使是高级水平的泰国留学生区分曲线峰值也不够显著，说明泰国留学生对改组声调的感知仍然与汉语母语者有差异。各水平实验组的区分曲线都是起始端样本的区分率较高，后面较低，这表明泰国留学生对类似阴平的平调变化非常敏感。

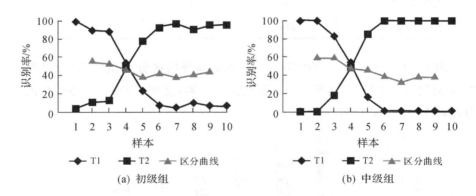

图 6-6　初级组（a）和中级组（b）T1—T2 对立组区分曲线和识别曲线

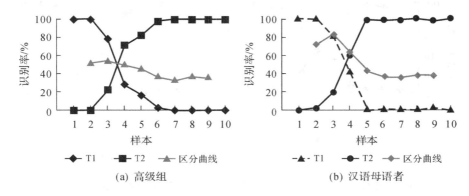

图 6-7　高级组(a)和汉语母语者(b)T1—T2 对立组区分曲线和识别曲线

# 第二节　上声与去声组识别和区分实验

### 一、T3—T4 识别实验结果比较

在 T3—T4 组单音节声调感知识别实验中,我们以真实上声 T3 单音节基频数据为基础合成了 10 个样本,以真实去声 T4 单音节基频数据为基础合成了 10 个样本,每个样本播放两次,每个被试组共 40 个样本,其中基于 T3 声源的样本为 20 个,基于 T4 声源的样本为 20 个。对正反序 10 个样本中被识别为 T3 或 T4 的频率分别进行计数,统计后计算得到每个样本的识别率。

为了判断正反序二者识别率是否存在显著差异,分别对初、中、高三组基于 T3 和 T4 声源的合成样本识别率进行差异显著性检验。初级组双侧检验 $Sig.$ 值为 0.427,$p$ 值为 0.427,大于显著性水平 0.050,因此二者不存在显著性差异。对中级和高级组也进行了差异显著性检验,发现两组不具有显著性差异,也就是说噪音在初级、中级、高级泰国留学生的上声和去声对立组的感知中无作用。

由于基于不同声源的合成样本不存在差异,因此把识别结果进行合并,得到初级、中级、高级水平泰国留学生阴平组和阳平组的识别曲线。

在该对立组中,对初级、中级、高级三个阶段的泰国留学生进行纵向比较,

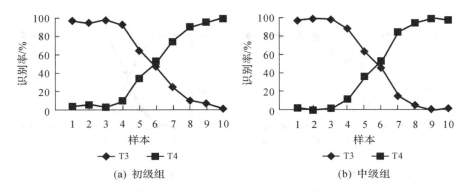

图 6-8　初级组(a)和中级组(b)泰国留学生 T3—T4 对立组识别曲线对比

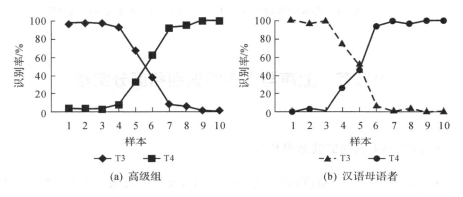

图 6-9　高级组(a)和汉语母语者(b)T3—T4 对立组识别曲线对比

发现初级和中级阶段的范畴性不够稳定;而高级阶段的识别曲线则最为稳定,与汉语母语者更为接近。如图 6-8 所示,初级阶段的识别边界在 6 号样本位置,T3 的识别范畴较宽。中级阶段的识别边界在 5 号与 6 号样本之间,T3 的识别范畴变窄,识别率显著提高。

　　如图 6-9 所示,高级组与汉语母语者相比,二者识别边界均在 5 号与 6 号之间,二者的区别在于汉语母语者把 6—10 号样本几乎完全识别为 T4,而高级水平泰国留学生在这 5 个样本上的识别率较低,特别是 6 号和 7 号样本识别率较低。也就是说,高级水平的泰国留学生 T4 的识别范畴比汉语母语者窄,三个阶段中高级水平泰国留学生的识别曲线与汉语母语者最为接近,但仍存在一定区别。

　　对识别结果进行二元逻辑回归分析可得到回归方程系数,如表 6-4 所示。从系数 $b_1$ 的参数绝对值来看,初级组的绝对值最小,为 0.818,表示识别曲线边界处斜率最小,感知范畴化程度最小。高级组的系数 $b_1$ 的绝对值在三者中最大,为 1.252,斜率最大,表明其范畴化程度比初级组和中级组高,T3—T4 感知范畴的建立也逐渐完善。从识别宽度的参数来看,初级组的识别宽度为 2.020,数值最大,表明初级组的识别率最低,感知存在的问题最大。高级组的识别宽度最小,为 1.750,接近汉语母语者的 1.340,说明高级组的识别率最高,范畴感知程度较好。从识别率之和来看,高级组最高,为 902,初级组最低,为 858,识别率之和的大小与泰国留学生的汉语水平成正比。从识别差值来看,初级组的识别差值最大,其次依次是中级组和高级组。这表明,初级和中级水平泰国留学生对汉语上声和去声的辨识能力均较弱,范畴感知程度不够显著。但随着汉语学习时间的增加,识别差值逐渐降低,这表明泰国留学生逐步建立了汉语声调 T3 和 T4 的感知范畴,进入高级阶段后便接近汉语母语者。

表 6-4　不同类别被试 T3—T4 对立组识别曲线参数对比

| 汉语水平 | 常量 $b_0$ | 系数 $b_1$ | 识别边界位置 | 识别宽度 | 识别率之和 | 识别差值 |
| --- | --- | --- | --- | --- | --- | --- |
| 初级 | 4.596 | −0.818 | 5.620 | 2.020 | 858 | 142 |
| 中级 | 6.540 | −1.163 | 5.620 | 1.890 | 877 | 123 |
| 高级 | 6.950 | −1.252 | 5.550 | 1.750 | 902 | 98 |
| 母语者 | 7.834 | −1.644 | 4.770 | 1.340 | 919 | 81 |

图 6-10 是初级、中级、高级水平泰国留学生和汉语母语者 T3—T4 对立组识别曲线对比,汉语母语者的识别曲线在最左侧,表示 T3 的识别范畴最小,初级组的靠右侧,表示 T3 的识别范畴较大。初级、中级、高级组 T3 的识别范畴呈现从大到小的趋势。识别边界处高级组和汉语母语者的斜率变化最大,表明高级组和汉语母语者的范畴化程度较高,初级组范畴边界处的斜率较小,表明其范畴化程度较弱。初级、中级、高级组三条曲线的整体契合度较高,与汉语母语者差异较大,这表明留学生的 T3—T4 对立组识别范畴与汉语母语者存在一定差异。

**二、T3—T4 区分实验结果比较**

首先,我们要检验正反序样本组的差异性。如表 6-5 所示,$p = 0.936$,说明高级组不具有显著性差异,不同的声源对判断样本对是否相同无影响。对初级和中级组的显著性检验显示也无显著性差异。

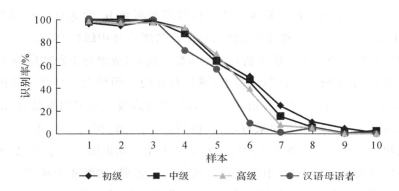

图 6-10　初级、中级、高级水平泰国留学生和汉语母语者 T3—T4 对立组识别曲线对比

**表 6-5**　对两组不同声源的高级水平泰国留学生 T3—T4 对立组识别结果的差异性检验

| | 值 | $df$ | 渐进 $Sig.$（双侧） |
|---|---|---|---|
| Pearson 卡方 | 2.383[a] | 7 | 0.936 |
| 似然比 | 2.388 | 7 | 0.935 |
| 线性和线性组合 | 0.000 | 1 | 0.988 |
| 有效案例中的 N | 433 | | |

　　图 6-11 中是高级水平泰国留学生 T3—T4 对立组中 8 对样本的区分实验结果，其中，3—5 对的区分率最高，达到 55.0%，其次是 4—6 对，达到 52.5%；也就是说，区分高峰在 3—5 对样本。

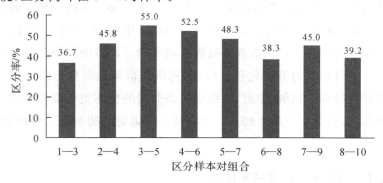

图 6-11　高级水平泰国留学生 T3—T4 对立组各样本对的区分率

　　将 8 对样本的区分率形成一条曲线，与识别曲线放在同一张图中，如图 6-12、图 6-13 所示，它是不同水平泰国留学生的 T3—T4 对立组区分曲线和识

别曲线,三角形数据点是区分曲线,依次显示了 8 对样本的区分率,汉语母语者的识别和区分曲线引用于谦(2017)的统计结果进行对比。初级、中级、高级三组的区分高峰都在第 4 号样本,且靠近识别边界,表明泰国留学生对汉语上声和去声 T3—T4 的感知是范畴感知。汉语母语者的区分高峰所在位置与识别边界基本重合,识别边界在第 5 号和第 6 号样本之间。

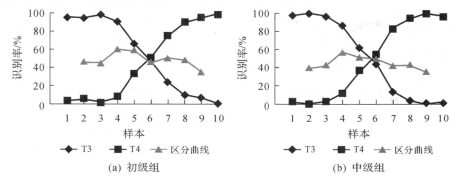

(a) 初级组　　　　　　　　　　(b) 中级组

图 6-12　初级组(a)和中级组(b)T3—T4 对立组区分曲线和识别曲线

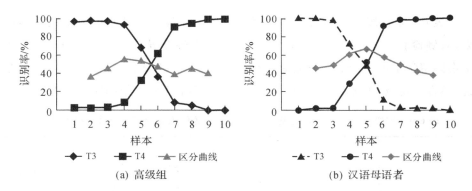

(a) 高级组　　　　　　　　　　(b) 汉语母语者

图 6-13　高级组(a)和汉语母语者(b)T3—T4 对立组区分曲线和识别曲线

# 第三节　阴平与上声组识别和区分实验

## 一、T1—T3 识别实验结果比较

在 T1—T3 组单音节声调感知识别实验中,我们以真实阴平 T1 单音节基频数据为基础合成了 10 个样本,以真实 T3 单音节基频数据为基础合成了 10 个样本,每个样本播放两次,每个被试组共 40 个样本,其中基于 T1 声源的样本为 20 个,基于 T3 声源的样本为 20 个。对正反序 10 个样本被识别为 T1 或 T3 的频次分别进行计数,统计后计算得到每个样本的识别率。图 6-14 是初级组基于 T1 声源和 T3 声源合成样本的识别曲线对比。

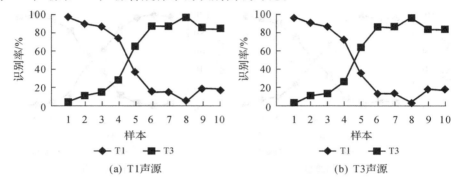

图 6-14　初级组基于 T1 声源(a)和 T3 声源(b)合成样本的识别曲线对比

表 6-6 是初级水平泰国留学生两种声源的差异显著性检验分析的检验结果,双侧检验 *Sig.* 值为 0.907,二者不存在显著性差异。笔者对中级和高级水平泰国留学生也进行了差异显著性检验,发现二者不具有显著性差异;也就是说,嗓音在初级、中级、高级泰国留学生的阴平和上声对立组的感知中无作用。

表 6-6　初级水平泰国留学生基于 T1 和 T3 声源的识别率相关样本 *t* 检验结果

| | 成对差分 | | | | | *t* | *df* | *Sig.*(双侧) |
|---|---|---|---|---|---|---|---|---|
| | 均值 | 标准差 | 均值的标准误 | 差分的 95% 置信区间 | | | | |
| | | | | 下限 | 上限 | | | |
| 对 1　VAR00001-VAR00002 | −0.54000 | 14.24213 | 4.50376 | −10.72820 | 9.64820 | −0.120 | 9 | 0.907 |

由于基于不同声源的合成样本不存在差异,因此把识别结果进行合并后,我们得到初级、中级、高级水平泰国留学生阴平和上声组的识别曲线,如图 6-15 和图 6-16(a)所示;汉语母语者识别曲线引用于谦(2017)的统计结果进行对比,如图 6-16(b)所示。

初级、中级、高级三组的泰国留学生相比,高级组的识别曲线最为稳定,与汉语母语者更为接近;初级组和中级组不够稳定,识别边界不清晰。初级组的

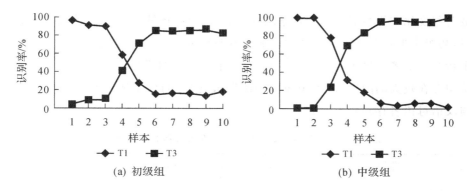

图 6-15　初级组（a）和中级组（b）T1—T3 对立组识别曲线对比

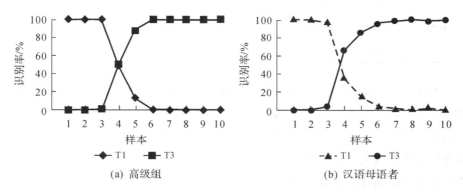

图 6-16　高级组（a）和汉语母语者（b）T1—T3 对立组识别曲线对比

识别曲线除了第 1 个样本识别率为 100％之外，其余样本识别率均较低，识别曲线最大的特点是右侧 T3 的识别率均在 83％左右，说明初级组对上声 T3 的感知存在问题。初级组的识别边界在第 4 号和第 5 号样本之间，T3 的识别范畴与其他组相比较小。中级组与初级组相比，第 2 号样本识别率有提升，识别边界左移到第 3 号与第 4 号样本之间。

　　与汉语母语者相比，高级水平的泰国留学生 T1—T3 的识别曲线与汉语母语者非常接近，识别边界在第 4 号样本处附近，主要差异在于第 4 号和第 6 号样本的识别率上，二者略有不同。这表明，高级水平泰国留学生对汉语阴平和上声的辨识接近汉语母语者水平。

　　对识别结果进行二元逻辑回归分析可得到回归方程系数。如表 6-7 所示，通过常量 $b_0$ 和系数 $b_1$，可得到识别边界位置和识别宽度。从识别宽度参数来看，初级组识别边界的宽度为 2.250，数值大于中级的 1.850，这表明初级组的范畴程度比中级组弱。从识别率之和来看,初级组最低,为843。从识别差值来看,初级水平者与汉语母语者的识别差值差异最大,相差一倍多,中级和高级水平者与母语者差异也较大。这表明,初级水平泰国留学生对汉语阴平和上声的辨识存在较大的问题,进入中级和高级阶段之后,对汉语阴平和上声的辨识仍与汉语母语者存在较大差异。

表 6-7  不同类别被试 T1—T3 对立组识别曲线参数对比

| 汉语水平 | 常量 $b_0$ | 系数 $b_1$ | 识别边界位置 | 识别宽度 | 识别率之和 | 识别差值 |
|---|---|---|---|---|---|---|
| 初级 | 2.361 | −0.521 | 4.520 | 2.250 | 843 | 156 |
| 中级 | 4.642 | −1.187 | 3.910 | 1.850 | 912 | 88 |
| 高级 | 3.61 | −0.924 | 3.910 | 2.380 | 890 | 110 |
| 母语者 | 8.95 | −2.355 | 3.800 | 0.930 | 945 | 55 |

图 6-17 是初级、中级、高级水平泰国留学生和汉语母语者 T1—T3 对立组识别曲线对比。高级水平组识别曲线在最左侧,表示 T1 的识别范畴较小;初级组识别曲线在靠右侧,表示 T1 的识别范畴较大。初级、中级、高级组 T1 的识别范畴呈现从大到小的趋势。汉语母语者的识别边界处斜率变化最大,表明汉语母语者的范畴化程度较高;初级组范畴边界处的斜率较小,表明范畴化程度较低。四条曲线中初级组的曲线与其他三条偏离,说明初级组 T1—T3 的感知范畴与其他组差异最大。

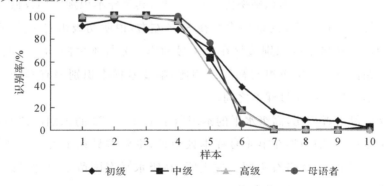

图 6-17  初级、中级、高级水平泰国留学生和汉语母语者 T1—T3 对立组识别曲线对比

## 二、T1—T3 区分实验结果比较

笔者对两组不同来源的样本感知结果进行了独立性检验。结果如表 6-8 所示，高级组 $p=0.990$，不具有显著性差异，不同的声源对判断样本对是否相同没有影响，区分结果可以合并计算。

**表 6-8　对两组不同声源的高级水平泰国留学生 T1—T3 对立组识别结果进行差异性检验**

|  | 值 | $df$ | 渐进 $Sig.$（双侧） |
|---|---|---|---|
| Pearson 卡方 | 1.239[a] | 7 | 0.990 |
| 似然比 | 1.240 | 7 | 0.990 |
| 线性和线性组合 | 0.105 | 1 | 0.745 |
| 有效案例中的 N | 530 |  |  |

图 6-18 是 T1—T3 对立组中 8 对样本的区分实验结果。2—4 对的区分率最高，达到 77.5%；其次是 1—3 对，为 70.8%。也就是说，区分高峰在 2—4 对样本。

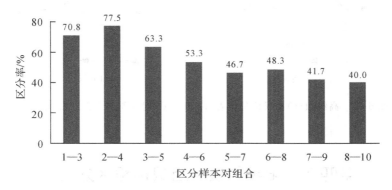

图 6-18　高级水平泰国留学生 T1—T3 对立组各样本对的区分率

将 8 对样本的区分率形成一条曲线。图 6-19 和图 6-20 是不同水平泰国留学生 T1—T3 对立组区分曲线和识别曲线，三角形是区分曲线数据点，正方形是识别曲线数据点，区分曲线依次显示了 8 对样本的区分率；汉语母语者的识别和区分曲线引用于谦（2017）的统计结果进行对比，如图 6-20（b）所示。初级组的区分高峰在 4 号样本，中级组和高级组的区分高峰在横坐标 3 号样本处，也就是 2—4 对样本。区分高峰所在位置与识别边界基本重合，识别边界在 3

号和 4 号样本之间,表明泰国留学生对汉语阴平和上声 T1—T3 的感知是范畴感知,但初级组的范畴感知较弱,对阴平和上声的区分存在一定混淆。

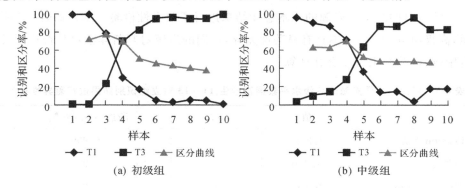

图 6-19　初级组(a)和中级组(b)T1—T3 对立组区分曲线和识别曲线

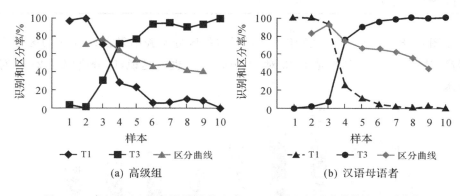

图 6-20　高级组(a)和汉语母语者(b)T1—T3 对立组区分曲线和识别曲线

# 第四节　阳平与去声组识别和区分实验

## 一、T2—T4 识别实验结果比较

在 T2—T4 组单音节声调感知识别实验中,我们以真实阴平 T2 单音节基频数据为基础合成了 10 个样本,以真实 T4 单音节基频数据为基础合成了 10 个样本,每个样本播放 2 次。每个被试组共有 40 个样本,其中基于 T2 声源的样本为 20 个,基于 T4 声源的样本为 20 个。对被识别为 T2 或 T4 的正反序 10

个样本分别进行计数,统计后可计算得到每个样本的识别率。

　　为了判断基于 T2 和 T4 声源而合成的样本的识别率是否存在显著差异,笔者分别对初级、中级、高级三组基于 T2 和 T4 声源的合成样本的识别率进行差异显著性检验,发现其不具有显著性差异。也就是说,噪音在初级、中级、高级水平泰国留学生阴平和阳平对立组的感知中不具有作用。

　　由于基于不同声源的合成样本不存在差异,因此笔者把识别结果进行合并,得到初级、中级、高级组泰国留学生阴平和阳平组的识别曲线,如图 6-21、图 6-22(a)所示。汉语母语者的识别曲线引用于谦(2017)的统计结果进行对比,如图 6-22(b)所示。

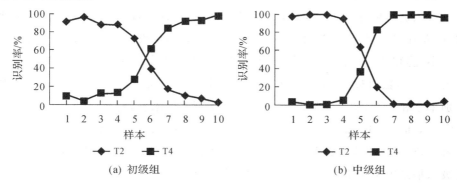

图 6-21　初级组(a)和中级组(b)T2—T4 对立组识别曲线对比

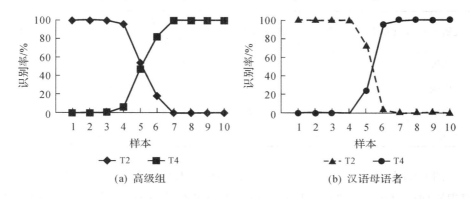

图 6-22　高级组(a)和汉语母语者(b)T2—T4 对立组识别曲线对比

　　在汉语声调中,阳平 T2 和去声 T4 一升一降,调型相反,差异较大,因此不同阶段的泰国留学生对汉语声调 T2—T4 对立组的感知边界较清晰平稳。

　　对初级、中级、高级水平泰国留学生的识别曲线进行对比后可以发现,高级组的识别曲线最为清晰分明,初级组的则较弱。初级水平泰国留学生只有 10 号样本的识别率达到了 100%,其余样本的识别率均较低,识别边界在 5 号与 6 号样本之间,范畴化程度较弱,说明初级水平泰国留学生对 T2—T4 的辨识存在一定程度的混淆。中级水平泰国留学生的 T2—T4 识别边界与高级水平泰国留学生一致,识别边界在 5 号与 6 号样本之间。

高级水平泰国留学生与汉语母语者的识别边界均在 5 号与 6 号之间,主要差异在于两者对 4 号至 6 号样本的识别率上:高级水平泰国留学生把 4 号样本识别为 T2 的概率是 95.0%,而汉语母语者是 100.0%。这表明,高级水平泰国留学生对 T2—T4 的识别与汉语母语者非常接近。

对识别结果进行二元逻辑回归可得到回归方程系数。如表 6-9 所示,从系数 $b_1$ 来看,初级组的绝对值最小,为 0.947,这表明初级组的识别曲线边界处斜率最小,感知范畴化程度最弱。从识别边界宽度参数来看,初级组识别边界宽度为 2.320,数值最大,这表明初级组的识别率最低,感知存在的问题最大。从识别率之和来看,初级组最低,为 864。从识别差值来看,初级组最大,是汉语母语者的 5 倍多;中级组和高级组较为接近,但与汉语母语者相比差距仍较大。这表明,初级水平泰国留学生对汉语阳平和去声的辨识存在一定问题,中级和高级水平泰国留学生对汉语阳平和去声的辨识与汉语母语者也存在较大差异。

表 6-9　不同类别被试 T2—T4 对立组识别曲线参数对比

| 汉语水平 | 常量 $b_0$ | 系数 $b_1$ | 识别边界位置 | 识别边界宽度 | 识别率之和 | 识别差值 |
|---|---|---|---|---|---|---|
| 初级 | 4.669 | −0.947 | 4.930 | 2.320 | 864 | 136 |
| 中级 | 9.589 | −1.823 | 5.260 | 1.210 | 935 | 65 |
| 高级 | 9.081 | −1.746 | 5.200 | 1.260 | 930 | 70 |
| 母语者 | 22.826 | −4.412 | 5.170 | 0.500 | 973 | 27 |

图 6-23 是初级、中级、高级水平泰国留学生和汉语母语者的 T2—T4 对立组识别曲线对比。高级组的识别曲线识别边界在最左侧,表示 T2 的识别范畴较小;初级组的识别曲线识别边界靠右侧,表示 T2 的识别范畴较大。初级、中级、高级组 T2 的识别范畴呈现从大到小的趋势。识别边界处汉语母语者的斜率变化最大,表明汉语母语者的范畴化程度较高;初级组识别边界处的斜率较小,表明其范畴化程度较低。四条曲线整体契合度较高,初级组有偏离,表明初

级组的 T1—T2 对立组识别范畴与其他组差异较大。

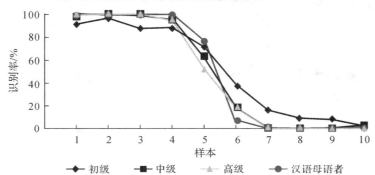

图 6-23 初级、中级、高级水平泰国留学生和汉语母语者 T2—T4 对立组识别曲线对比

## 二、T2—T4 区分实验结果比较

对立组中有两组来自不同声源的合成样本,三种水平的泰国留学生 T2—T4 对立组识别结果差异性检验均不显著。

图 6-24 是高级水平泰国留学生 T2—T4 对立组中 8 对样本的区分实验结果。4—6 样本的区分率最高,达到 74.2%;其次是 5—7 样本,达到 70.0%。也就是说,区分高峰在 4—6 样本对。

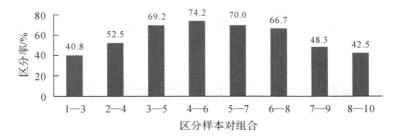

图 6-24 高级水平泰国留学生 T2—T4 对立组各样本对的区分率

将 8 对样本的区分率形成一条曲线,与识别曲线放在同一张图中。图 6-25 和图 6-26 是不同水平泰国留学生和汉语母语者 T2—T4 对立组的区分曲线和识别曲线。三角形是区分曲线数据点,正方形是识别曲线数据点,区分曲线依次显示了 8 对样本的区分率,汉语母语者的识别和区分曲线引用于谦(2017)的统计结果进行对比。初级、中级、高级组的区分曲线高峰都在横坐标 5 号样本附近,靠近识别边界。这表明,泰国留学生对汉语阳平和去声 T2—T4 的感知是范畴感知。

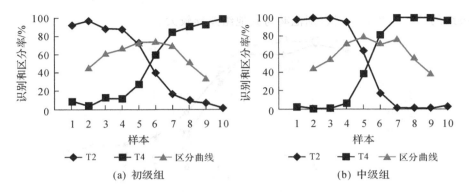

图 6-25　初级组(a)和中级组(b)T2—T4 对立组区分曲线和识别曲线

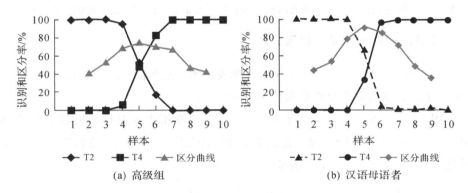

图 6-26　高级组(a)和汉语母语者(b)T2—T4 对立组区分曲线和识别曲线

# 第五节　阴平与去声组识别和区分实验

## 一、T1—T4 识别实验结果比较

在 T1—T4 组单音节声调感知识别实验中,我们以真实阴平 T1 单音节基频数据为基础合成了 10 个样本,以真实 T4 单音节基频数据为基础合成了 10 个样本,每个样本播放 2 次,每个被试组共有 40 个样本,其中基于 T1 声源的样本为 20 个,基于 T4 声源的样本为 20 个。对被识别为 T1 或 T4 的正反序 10 个样本分别进行计数,统计后可得到每个样本的识别率。

笔者分别对初级、中级、高级三组基于 T1 和 T4 声源的合成样本识别率进行了差异显著性检验。笔者发现,二者不具有显著性差异。也就是说,嗓音在初级、中级、高级水平泰国留学生的阴平和去声对立组的感知中毫无作用。

由于基于不同声源的合成样本不存在差异,因此笔者把识别结果进行合并,得到了初级、中级、高级水平泰国留学生的阴平和去声组识别曲线,如图 6-27、图 6-28(a)所示。汉语母语者的识别曲线引用于谦(2017)的统计结果进行对比,如图 6-28(b)所示。

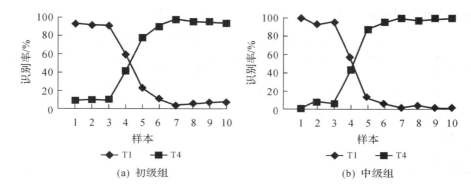

图 6-27　初级组(a)和中级组(b)T1—T4 对立组识别曲线对比

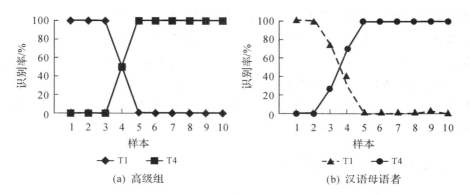

图 6-28　高级组(a)和汉语母语者(b)T1—T4 对立组识别曲线对比

初级、中级、高级三个阶段的泰国留学生相比,高级阶段的识别曲线最为稳定,范畴感知程度最为显著,与汉语母语者更为接近。初级水平泰国留学生对1—3号样本的识别率较低,不同于高级组和母语者,这几个样本的识别率都达到了 100%,识别边界在 4 号与 5 号样本之间。中级水平泰国留学生 T1—T4 识别边界也在 4 号与 5 号样本之间,2 号、5 号和 6 号样本识别率较低。

高级水平泰国留学生与汉语母语者的识别曲线非常接近,主要差异在于对

3 号样本的辨识上。高级水平泰国留学生把 3 号样本识别为 T1 的概率是 100.0%,而汉语母语者是 76.0%。

从识别边界宽度来看,初级泰国留学生的识别边界宽度为 1.83,数值最大,表明初级组的识别率最低,感知范畴程度较弱。从识别率之和来看,初级组最低,为 883。从识别差值来看,初级水平泰国留学生的识别差值最大,是汉语母语者的两倍多,表明初级水平泰国留学生对汉语阴平和去声的辨识不够清晰;中级组和高级组对汉语阴平和阳平的辨识则接近汉语母语者水平。

表 6-10　不同类别被试 T1—T4 对立组识别曲线参数对比

| 汉语水平 | 常量 $b_0$ | 系数 $b_1$ | 识别边界位置 | 识别边界宽度 | 识别率之和 | 识别差值 |
|---|---|---|---|---|---|---|
| 初级 | 4.732 | −1.202 | 3.94 | 1.83 | 883 | 116 |
| 中级 | 6.853 | −1.652 | 4.15 | 1.33 | 925 | 75 |
| 高级 | 5.819 | −1.484 | 3.92 | 1.48 | 917.5 | 82.5 |
| 母语者 | 7.715 | −2.248 | 3.43 | 0.98 | 950 | 50 |

图 6-29 是初级、中级、高级水平泰国留学生和汉语母语者 T1—T4 对立组识别曲线对比。高级水平组的识别边界处在最左侧,表示 T1 的识别范畴较小;初级水平组的识别边界处在最右侧,表示 T1 的识别范畴较大。初级、中级、高级组 T1 的识别范畴呈现从大到小的趋势。识别边界处汉语母语者的斜率变化最大,表明汉语母语者的范畴化程度较高;范畴边界处初级组的斜率较小,表明初级组的范畴化程度最低。四条曲线中,初级组的曲线偏离较远,表明初级组的 T1—T2 对立组识别范畴程度最低。

## 二、T1—T4 区分实验结果比较

不同的声源对判断样本对是否相同没有影响。如表 6-11 所示,高级组 $p = 0.989$,不具有显著性差异,对初级组和中级组的显著性检验显示也无显著性差异。

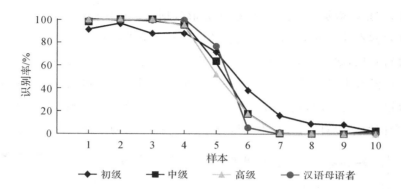

图 6-29　初级、中级、高级水平泰国留学生和汉语母语者 T1—T4 对立组识别曲线对比

**表 6-11　两组不同声源的高级水平泰国留学生 T1—T4 对立组识别结果差异性检验**

| | 值 | $df$ | 渐进 $Sig.$（双侧） |
|---|---|---|---|
| Pearson 卡方 | 1.260[a] | 7 | 0.989 |
| 似然比 | 1.261 | 7 | 0.989 |
| 线性和线性组合 | 0.077 | 1 | 0.781 |
| 有效案例中的 N | 509 | | |

图 6-30 是高级水平泰国留学生 T1—T4 对立组中 8 对样本的区分实验结果。1—3 对的区分率最高，达到 84.2％；其次是 2—4 对，达到 79.2％。也就是说，区分高峰在 1—3 对样本之间。

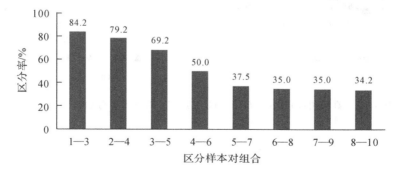

图 6-30　高级水平泰国留学生 T1—T4 对立组各样本对的区分率

将 8 对样本的区分率形成一条曲线，与识别曲线放在同一张图中。图 6-31 和图 6-32 是不同水平泰国留学生和汉语母语者 T1—T4 对立组区分曲线和识

别曲线,三角形数据点是区分曲线,正方形数据点是识别曲线,区分曲线依次显示了 8 对样本的区分率,汉语母语者的识别和区分曲线引用于谦(2017)的统计结果进行对比,如图 6-32(b)所示。初级、中级、高级三个阶段的泰国留学生的区分曲线没有出现高峰,区分率最高的都是 1—3 样本,左侧前两个样本的识别率与汉语母语者不同,左侧第一个高,第二个低,整体呈现逐渐下降的趋势。这说明,泰国留学生对 1—3 样本的区分率高,对阴平的频率变化较为敏感。

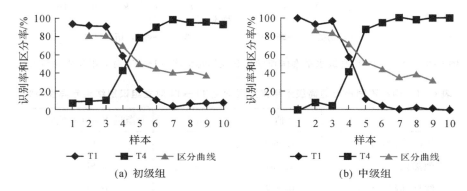

图 6-31　初级组(a)和中级组(b)T1—T4 对立组区分曲线和识别曲线

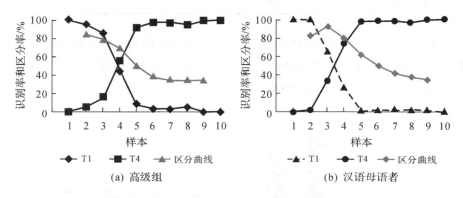

图 6-32　高级组(a)和汉语母语者(b)T1—T4 对立组区分曲线和识别曲线

# 第六节　阳平与上声组识别和区分实验

### 一、T2—T3 识别实验结果比较

在 T2—T3 组单音节声调感知识别实验中,我们以真实阳平 T2 单音节基频数据为基础合成了 10 个样本,以真实 T3 单音节基频数据为基础合成了 10 个样本,每个样本播放 2 次,每个被试组共 40 个样本,其中基于 T2 声源的样本为 20 个,基于 T3 声源的样本为 20 个。对被识别为 T2 或 T3 的正反序 10 个样本的频次分别进行计数,统计后可得到每个样本的识别率(如图 6-33 所示)。

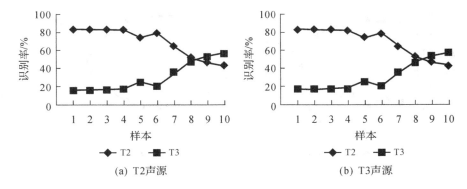

(a) T2声源　　　　　　　　(b) T3声源

图 6-33　初级水平基于 T2 声源(a)和 T3 声源(b)合成样本的识别曲线对比

图 6-33 是初级组基于 T2 声源和 T3 声源合成样本的识别曲线对比。为了判断二者的识别率是否存在显著差异,对其进行了差异显著性检验。结果显示,双侧检验 $Sig.$ 值为 $0.328$,$p$ 值为 $0.328$,小于显著性水平 $0.050$,因此二者不存在显著性差异。同样,对中级组和高级组进行差异显著性检验后可发现,两者也不具有显著性差异。[1] 也就是说,嗓音在初级、中级、高级水平泰国留学生阴平和阳平对立组的感知中不起作用。

由于基于不同声源的合成样本不存在差异,因此笔者把识别结果进行合并,得到初级、中级、高级水平泰国留学生阳平和上声组的识别曲线,共 60 位,

---

[1]　本书中有一些论述中的数据,不能直接通过图表来展现,而是以图表为基础计算出来的。

每组 20 位,如图 6-34、图 6-35(a)所示。汉语母语者识别曲线引用于谦(2017: 57)的统计结果进行对比,如图 6-35(b)所示。

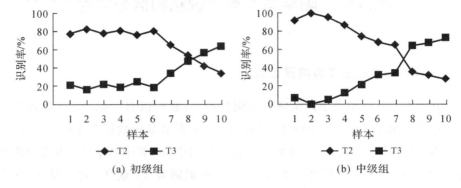

图 6-34　初级组(a)和中级组(b)T2—T3 对立组识别曲线对比

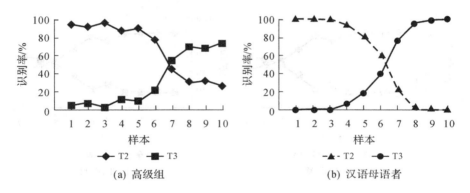

图 6-35　高级组(a)和汉语母语者(b)T2—T4 对立组识别曲线对比

初级、中级、高级三个阶段的泰国留学生对汉语声调 T2—T3 对立组的感知未呈现范畴感知的特征,对各个样本的识别率达到 100% 的极少,对 T2—T3 的区分存在混淆。特别是初级水平泰国留学生,他们几乎无法区分阳平 T2 和上声 T3,T3 的识别率均值仅有 52%,识别边界在 8 号样本处,T2 的识别范畴较大,T3 的识别范畴很小。中级组对 1—5 号样本的识别率有所增加,识别边界左移,处于 7 号与 8 号样本之间,T2 的识别范畴变小。高级组仅有 1 号和 3 号样本的识别率达到了 100%,特别是 8—10 号样本,对 T3 的识别率非常低,上声 T3 的识别范畴非常小,范畴化程度很弱,与汉语母语者存在较大差距。

以上三组识别曲线表明,阳平 T2 与上声 T3 的识别对于三个阶段的留学生而言都存在一定困难;上声 T3 的识别率和识别范畴在三个阶段中变化都很小,特别是处于初级阶段的泰国留学生。结合第三章对汉泰声调相似度的研究结果,阳平 T2 和上声 T3 都被泰国留学生感知为相同的泰语 TT5,因此识别阳平和上声最为困难。对上声 T3 的感知存在困难,也就造成了汉语语音习得过程中上声 T3 的发音问题,发音者难以掌握,发音不够标准。

对识别结果进行二元逻辑回归分析可得到回归方程系数,如表 6-12 所示。从系数 $b_1$ 的绝对值来看,初级组最小,为 0.280,表示识别曲线边界处斜率最小,感知范畴化程度最低。从识别宽度来看,初级组识别边界宽度为 7.850,数值最大,表明初级组的范畴化程度最低,对 T2—T3 感知存在的问题最大。从识别率之和来看,高级组最高,为 807,初级组最低,为 716,识别率之和的大小与水平成正比。从识别差值来看,初级组最大,为 283,是汉语母语者 89 的近三倍,中级组和高级组是汉语母语者的两倍多,表明三个阶段的泰国留学生对汉语阳平和上声的识别均存在较大问题,特别是初级水平组。高级水平泰国留学生与汉语母语者也存在较大差距。中级组和高级组的变化较小,说明上声感知范畴的建立较为困难,需要的时间较长。但从初级组到高级组的识别差值变化来看,随着汉语学习时间的增加,差异系数逐渐降低,表明从初级到高级阶段声调感知范畴是逐步建立的,是可塑的。

表 6-12　不同类别被试 T2—T3 对立组识别曲线参数对比

| 汉语水平 | 常量 $b_0$ | 系数 $b_1$ | 识别边界位置 | 识别边界宽度 | 识别率之和 | 识别差值 |
|---|---|---|---|---|---|---|
| 初级 | 2.045 | −0.280 | 7.300 | 7.850 | 716 | 283 |
| 中级 | 4.045 | −0.520 | 7.780 | 4.330 | 788 | 212 |
| 高级 | 4.282 | −0.573 | 7.470 | 3.830 | 807 | 193 |
| 母语者 | 8.903 | −1.424 | 6.250 | 1.540 | 911 | 89 |

图 6-36 是初级、中级、高级水平泰国留学生和汉语母语者 T2—T3 对立组识别曲线对比,高级组的识别边界处在最左侧,表示 T2 的识别范畴较小,T3 的识别范畴较大。初级组的识别边界处靠右侧,表示 T2 的识别范畴较大,T3 的识别范畴较小。初级、中级、高级组 T2 的识别范畴呈现从大到小的趋势,T3 的识别范畴呈现从小到大的趋势。识别边界处汉语母语者的斜率变化最大,表明汉语母语者的范畴化程度较高,初级组范畴边界处的斜率较小,表明范畴化程度较低。四条曲线中初级组的曲线偏离较远,表明初级组的感知范畴与其他组差异较大。

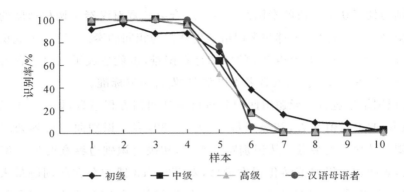

图 6-36　初级、中级、高级水平泰国留学生和汉语母语者 T2—T3 对立组识别曲线对比

## 三、T2—T3 区分实验结果比较

不同的声源对判断样本对是否相同并无影响。如表 6-13 所示,高级组 $p=$ 0.995,不具有显著性差异,对初级组和中级组的显著性检验也显示,两者无显著性差异。

表 6-13　两组不同声源的高级水平泰国留学生 T2—T3 对立组识别结果差异性检验

| | 值 | $df$ | 渐进 $Sig.$（双侧） |
|---|---|---|---|
| Pearson 卡方 | 1.012[a] | 7 | 0.995 |
| 似然比 | 1.014 | 7 | 0.995 |
| 线性和线性组合 | 0.050 | 1 | 0.823 |
| 有效案例中的 N | 348 | | |

图 6-37 是高级水平泰国留学生 T2—T3 对立组中 8 对样本的区分实验结果。其中,8—10 对的区分率最高,为 43.3%;8 对样本整体的区分率都很低,没有出现区分高峰。

将 8 对样本的区分率形成一条曲线,与识别曲线放在同一张图中,如图 6-38 所示。三角形数据点是区分曲线,正方形数据点是识别曲线,区分曲线依次显示了 8 对样本的区分率,汉语母语者的识别和区分曲线引用于谦(2017:58)的统计结果进行对比,如图 6-39(b)所示。初、中、高三个阶段泰国留学生的区分曲线都没有出现高峰,区分曲线的区分率整体都较低,与汉语母语者和区分曲线差异显著。表明泰国留学生在区分汉语阳平与上声时存在较大困难。同

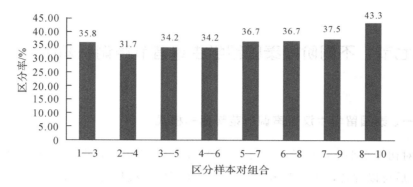

图 6-37　高级水平泰国留学生 T2—T3 对立组各样本对的区分率

时也表明,泰国留学生对汉语阳平与上声 T2—T3 的感知不是范畴感知,而是连续感知。

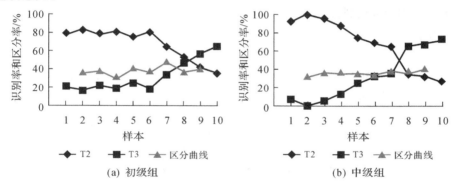

图 6-38　初级组(a)和中级组(b)T2—T3 对立组区分曲线和识别曲线

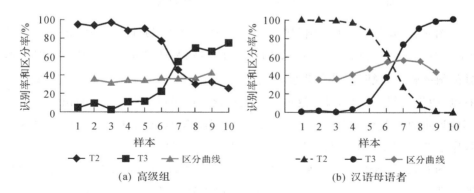

图 6-39　高级组(a)和汉语母语者(b)T2—T3 对立组区分曲线和识别曲线

# 第七节　不同阶段泰国留学生单音节声调感知比较分析

### 一、泰国留学生汉语声调的范畴感知模式

对初级水平泰国留学生 6 对声调组合的识别曲线分别进行统计（如图 6-40 所示）后可以发现，T1—T2 和 T1—T4 两组识别曲线最为接近，都在最左侧，识别范畴边界接近，与 T2—T4 组平行，T2 的识别范畴大于 T1 的识别范畴。T3—T4 和 T2—T3 两组的识别边界斜率较小，范畴程度较低，特别是 T2—T3 组的识别曲线与其他组相差较远，说明 T2—T3 的识别范畴模式与其他组差异较大。识别边界的排序是 T1—T2＜T1—T4＜T1—T3＜T2—T4＜T3—T4＜ T2—T3。

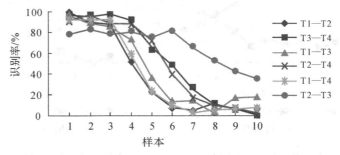

图 6-40　初级水平泰国留学生 6 对声调组合的识别曲线对比

图 6-41 是中级水平泰国留学生 6 对声调组合的识别曲线对比，最左侧的是 T1—T3、T1—T4、T1—T2 三组，说明 T1 的识别范畴较小，这三组的识别边界处的斜率较大，说明范畴化程度较高。T3—T4 和 T2—T3 两组识别曲线在最右侧，边界处斜率较小，说明这两组的范畴化程度最低。T2—T3 的识别曲线与其他识别曲线差异最大，说明 T2—T3 的识别范畴模式与众不同。识别边界的排序是 T1—T3＜T1—T2＜T1—T4＜T2—T4＜T3—T4＜T2—T3。

图 6-42 是高级水平泰国留学生 6 对声调组合的识别曲线对比，最左侧的是 T1—T3、T1—T4、T1—T2 三组，说明 T1 的识别范畴较小，这三组的识别边界处的斜率较大，说明范畴化程度较高。而 T3—T4 和 T2—T3 两组识别曲线在最右侧，边界处斜率较小，说明这两组的范畴化程度最低。T2—T3 的识别曲线

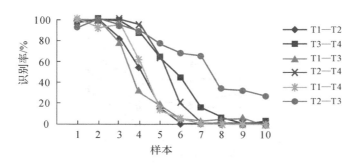

图 6-41　中级水平泰国留学生 6 对声调组合的识别曲线对比

与其他识别曲线差异最大,说明 T2—T3 的识别范畴模式与众不同。识别边界的排序与中级组相同,是 T1—T3＜T1—T2＜T1—T4＜T2—T4＜T3—T4＜T2—T3。初级、中级、高级三组识别边界的排序基本相同,中级和高级阶段完全相同,说明不同阶段的识别范畴变化很小,从中级到高级阶段几乎没有变化。

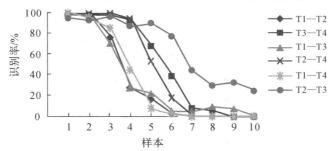

图 6-42　高级水平泰国留学生 6 对声调组合的识别曲线对比

　　图 6-43 是 6 对声调组合不同阶段的区分率均值比较,初级、中级、高级三个阶段每个组合的区分曲线的区分率均值变化都很小,泰国留学生的各对组合的区分率与汉语母语者相比差异较大,平均高出 12％。6 对声调组合中,T2—T4 组合的区分率最高,原因是二者为升调和降调的对立,差异较大,易于区分。T1—T4、T1—T3 组合的区分率也较高。最低的是 T2—T3 组合,原因是二者被感知为泰语中的同一个声调 TT5,难以区分和识别。

　　图 6-44 是 6 对声调组合的区分曲线峰值比较,初级组的区分率峰值较为接近,差异较小,中级和高级各组的区分率较为相似。也就是说,区分率从初级到高级阶段有较大变化,从中级到高级阶段变化很小。三个阶段的区分率峰值与汉语母语者有较大差异,6 对声调组合的区分率都比汉语母语者小。T2—T3

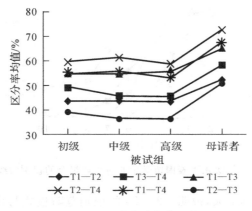

图 6-43　区分曲线均值比较

组的区分率与汉语母语者相差最大,说明即使在高级阶段,泰国留学生对阳平和上声的辨别仍然存在较大问题。

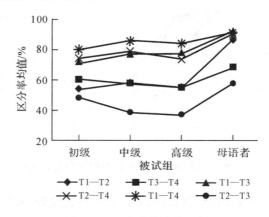

图 6-44　区分曲线峰值比较

　　图 6-45 是初级、中级、高级水平泰国留学生各声调组合识别率与汉语母语者的比较。方差分析显示,汉语母语者各者的区分率与泰国留学生差异显著($p=0.001$),而各个阶段泰国留学生之间的区分率差异不显著($p=0.768$、$p=0.446$、$p=0.639$)。汉语母语组的区分率在 6 个对立组中普遍高于泰国留学生,这说明泰国留学生对于音高的细微差别不如汉语母语者敏感。图 6-45 中,汉语母语者的识别率显著高于泰国留学生,6 组均居最上方。而初级、中级、高级泰国留学生三组的曲线基本重合,表明三者差异很小。

　　范畴感知是有梯度的,而在范畴感知和连续感知之间,仍存在过渡,我们可

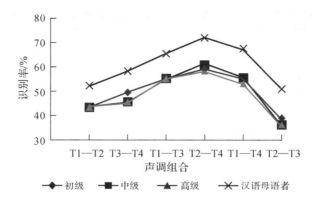

图 6-45　初级、中级、高级水平泰国留学生各声调组合识别率与汉语母语者的比较

以称之为"准范畴感知"。在判断声调感知模式的类型时,本书使用三条标准:
(1)识别曲线的边界分明程度;(2)区分曲线是否有高峰出现;(3)区分曲线高峰
与识别边界位置是否吻合。三条都符合的是范畴感知,三条都不符合的是连续
感知,介于中间的是准范畴感知。

　　根据表 6-14 的判断,对于汉语母语者而言,除 T2—T3 是准范畴感知之外,
其余对立组均为范畴感知,没有连续感知。也就是说,汉语四个声调对于母语
者而言是范畴感知模式。而泰国留学生 T3—T4、T1—T3、T2—T4 三组为范畴
感知,与汉语母语者相同,其他三组的感知类型略有差异。在 T1—T2 对立组
中,初级组和中级组是准范畴感知,高级组是范畴感知。在初级、中级、高级三
个阶段,范畴感知模式在不断发生变化,逐渐与汉语母语者接近。初级、中级、
高级水平泰国留学生汉语声调 T1—T4 对立组的感知类型是准范畴感知,识别
曲线的高峰未出现,与汉语母语者的感知模式不同,主要差别在于对 1—3 和
2—4 样本的区分不同,泰国留学生对阴平的变化很敏感。初级、中级、高级水平
泰国留学生对汉语声调 T2—T3 对立组的感知模式是连续感知,识别曲线不清
晰,区分曲线未出现高峰。结合前文的各组识别和区分曲线可以看出,不同水
平泰国留学生各组的感知范畴化程度是渐进的过程,到了高级阶段,则与汉语
母语者较为接近了。但是对于 T2—T3 对立组而言,即使到了高级阶段,也没
有建立范畴感知模式,与汉语母语者有较大差异。

表 6-14　初级、中级、高级水平泰国留学生汉语声调六个对立组感知类型

| 声调对立组 | 被试组 | 标准 1 | 标准 2 | 标准 3 | 感知类型 |
|---|---|---|---|---|---|
| T1—T2 | 初级 | Y | N | N | 准范畴感知 |
| | 中级 | Y | N | N | 准范畴感知 |
| | 高级 | Y | Y | Y | 范畴感知 |
| | 汉语母语者 | Y | Y | Y | 范畴感知 |
| T3—T4 | 初级 | Y | Y | Y | 范畴感知 |
| | 中级 | Y | Y | Y | 范畴感知 |
| | 高级 | Y | Y | Y | 范畴感知 |
| | 汉语母语者 | Y | Y | Y | 范畴感知 |
| T1—T3 | 初级 | Y | Y | Y | 范畴感知 |
| | 中级 | Y | Y | Y | 范畴感知 |
| | 高级 | Y | Y | Y | 范畴感知 |
| | 汉语母语者 | Y | Y | Y | 范畴感知 |
| T2—T4 | 初级 | Y | Y | Y | 范畴感知 |
| | 中级 | Y | Y | Y | 范畴感知 |
| | 高级 | Y | Y | Y | 范畴感知 |
| | 汉语母语者 | Y | Y | Y | 范畴感知 |
| T1—T4 | 初级 | Y | N | N | 准范畴感知 |
| | 中级 | Y | N | N | 准范畴感知 |
| | 高级 | Y | N | N | 准范畴感知 |
| | 汉语母语者 | Y | Y | Y | 范畴感知 |
| T2—T3 | 初级 | N | N | N | 连续感知 |
| | 中级 | N | N | N | 连续感知 |
| | 高级 | N | N | N | 连续感知 |
| | 汉语母语者 | Y | N | N | 准范畴感知 |

表 6-15 显示，T1 在各个组合中的范畴边界最为稳定，四组差异较小，位于 4 左右；汉语母语者的范畴边界靠近 1，数据较小。也就是说，T1 的范畴在四个声调中比较稳定也比较窄。

T2 的范畴在与其他三个声调的对立组合中变化略大，与 T4 组合中边界位置更靠左，边界范畴较小，与 T3 组合中靠近 10，边界范畴较大。总体来看，T2 的范畴空间比较宽，但不稳定。

T3 的范畴在与其他三个声调的对立组合中变化最大，其中与 T1 的组合范畴边界最大，均大于 6，表明范畴较大。T3 的范畴在与 T2 对立中范畴空间最小，说明 T3 的范畴空间最不稳定。

T4 在与其他三个声调的对立中范畴变化较小，范畴边界在 5 左右，四组被试差异较小。

表 6-15　不同水平的汉语四个调类的范畴边界

| 调类 | 被试组 | T1 | T2 | T3 | T4 |
|---|---|---|---|---|---|
| | | 识别边界位置 | 识别边界位置 | 识别边界位置 | 识别边界位置 |
| T1 | 初级 | | 4.05 | 4.52 | 3.94 |
| | 中级 | | 4.00 | 3.91 | 4.15 |
| | 高级 | | 3.75 | 3.91 | 3.92 |
| | 汉语母语者 | | 3.72 | 3.80 | 3.43 |
| T2 | 初级 | 5.68 | | 7.30 | 4.93 |
| | 中级 | 6.00 | | 7.78 | 5.26 |
| | 高级 | 6.25 | | 7.47 | 5.20 |
| | 汉语母语者 | 6.28 | | 6.25 | 5.17 |
| T3 | 初级 | 6.13 | 2.70 | | 5.62 |
| | 中级 | 6.09 | 2.22 | | 5.62 |
| | 高级 | 6.09 | 2.53 | | 5.55 |
| | 汉语母语者 | 6.20 | 3.75 | | 4.77 |
| T4 | 初级 | 6.06 | 5.07 | 4.57 | |
| | 中级 | 5.85 | 4.74 | 4.38 | |
| | 高级 | 6.08 | 4.80 | 4.45 | |
| | 汉语母语者 | 6.57 | 4.83 | 5.23 | |

范畴边界宽度代表范畴化程度的高低，宽度越小，说明识别函数在识别边界处越陡峭，识别率出现急剧变化，表明被试对两个范畴的识别较好，反之亦

然。从表 6-16 可见,在 6 个对立组中,汉语母语者的范畴边界宽度均最小。据统计描述结果可见,汉语母语者的六组范畴边界宽度的均值为 1.06,标准差只有 0.40,可以认为汉语母语者对四个声调的范畴感知,在识别方面差异较小,具有比较稳定的识别能力。而对于泰国留学生而言,从均值和标准差两方面来看,初级水平留学生的整体表现最差。中级组和高级组相差较小,但与汉语母语者有差异,差异较大的有 T2—T3、T2—T4、T1—T3 三组。

表 6-16 不同水平的六个对立组范畴边界宽度

| 被试组 | T1—T2 | T3—T4 | T1—T3 | T2—T4 | T1—T4 | T2—T3 |
|---|---|---|---|---|---|---|
| 初级 | 1.47 | 2.02 | 2.25 | 2.32 | 1.83 | 7.85 |
| 中级 | 1.10 | 1.89 | 1.85 | 1.21 | 1.33 | 4.33 |
| 高级 | 1.22 | 1.75 | 2.38 | 1.26 | 1.48 | 3.83 |
| 汉语母语者 | 1.08 | 1.34 | 0.93 | 0.50 | 0.98 | 1.54 |

**二、泰国留学生声调感知难度顺序**

第三章的研究结果显示,除了上声 T3 之外的三个声调在泰语中都有一个相似的声调,而上声 T3 在泰语中有两个相似的声调,为 TT5 和 TT3,相对于其他三个声调的对应关系来说 T3 不够稳定,或者是较为陌生。由此可对六个对立组合进行分类,我们把含有 T3 的组合(包括 T3—T4、T1—T3、T2—T3 三组)称为"陌生组"或"不够稳定组",在泰语声调系统中没有对应的声调对立组;把在泰语声调系统中有相对应组合的三组(T1—T2、T2—T4、T1—T4),称为"相似的对立组合"。陌生组和相似组这两类感知范畴模式存在较大差异。

表 6-17 是 6 个对立组的初级、中级、高级三个阶段识别和区分参数的比较,第一类是 T3—T4、T1—T3、T2—T3 三个陌生对立组,其识别差值在初级、中级、高级和合计等几项中数值都最大;第二类是 T1—T2、T2—T4、T1—T4 三个相似对立组,这三对的差异系数比第一类小,在识别差值的初级、中级、高级和合计各项中远小于第一类陌生的对立组。识别差值在一定程度上代表了感知难度,也就是说,对于泰国留学生而言,陌生对立组对声调感知范畴的建立比相似对立组更为困难。

表 6-17　　泰国留学生汉语单音节六个组合感知情况

| | 对立组 | T1—T2 | T3—T4 | T1—T3 | T2—T4 | T1—T4 | T2—T3 |
|---|---|---|---|---|---|---|---|
| 识别差值 | 初级 | 127.00 | 142.00 | 156.00 | 136.00 | 116.00 | 283.00 |
| | 中级 | 80.00 | 122.50 | 87.50 | 65.00 | 75.00 | 212.50 |
| | 高级 | 70.00 | 97.50 | 110.00 | 70.00 | 82.50 | 192.50 |
| | 初级、中级、高级合计 | 277.00 | 362.00 | 353.50 | 271.00 | 273.50 | 688.00 |
| | 汉语母语者 | 70.00 | 81.00 | 55.00 | 27.00 | 50.00 | 55.00 |

　　从初级、中级、高级三个阶段纵向来看，T1—T2、T2—T4、T1—T4 三个相似对立组中，在初级水平泰国留学生中存在一定感知难度，但难度下降得较快，到中级和高级阶段时已经与汉语母语者接近。从三个水平组对三个相似对立组的识别差值合计值来看，T1—T2、T2—T4、T1—T4 三组分别是 277.00、271.00、273.50，与其他三个上声的陌生对立组差异显著。

　　另外三个陌生的对立组中，与上声相关的三个对立组为 T3—T4、T1—T3、T2—T3，这三个对立组在初级和中级识别差值都较大，到了高级后变化较小，与汉语母语者存在较大差异，这三个陌生调类的初级组、中级组、高级组合计数值分别是 362.00、353.50、688.00，与相似的三个调类组合相差较大。这表明，陌生对立组和相似对立组之间差异显著，相似对立组掌握得较快，但陌生对立组习得变化得较慢，到高级阶段之后仍然与汉语母语者存在较大差异，说明陌生对立组的声调感知范畴的建立非常缓慢，其过程较为困难。

　　在本书第三章的汉泰声调相似度计算中，我们发现 T1—T4、T2—T4 两个组合的范畴化程度最高，相似度曲线中都只出现了两个高峰，前后高峰显著。T2—T3 组合的范畴化程度最低，相似度曲线中无高峰出现。也就是说，泰国留学生无法分辨阳平和上声。在六个组合中，含有上声 T3 组合的范畴化程度都较低。三个陌生对立组的相似程度由低到高排序是，T1—T3＜T3—T4＜T2—T3，这个顺序与表 6-17 中三者的识别差值排序完全吻合，二者呈现反比关系。也就是说，相对近似的 T1—T3 感知较易，最为陌生的 T2—T3 感知最为困难，T2—T3 对的初级水平阶段识别差值最大，约为汉语母语者的 6 倍，中级和高级阶段约为汉语母语者的 4 倍。这表明，对于泰国留学生而言，声调感知识别难度最大的是阳平与上声 T2—T3 组合，即使到了高级阶段也仍然与汉语母语者有较大差别。即使在三个陌生对立组中，也遵循相似对立组感知较易、陌生的对立组感知较难的规律。

从图 6-46 中的纵轴来看,感知难度最大的是 T2—T3 对立组,然后是 T3—T4 和 T1—T3,也就是三个陌生声调 T3 的对立组合。最下方是三个相似的声调组合。从横轴来看,在初级、中级、高级三个阶段,随着学习时间的增加,识别差值不断下降,降幅最显著的是 T2—T3 对立组。

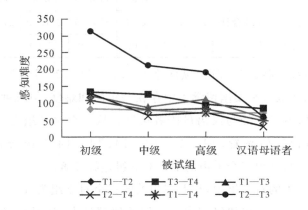

图 6-46　不同阶段泰国留学生六对组合感知难度(由识别差值来看)的变化过程

表 6-18 的数据是从表 6-17 计算得到的。在六个组合对中,分别把包含四声的各个组合的差异系数进行累加,得到四个声调的差异系数累加值并进行比较。从初级、中级、高级三个阶段四声的数值来看,四声之中上声 T3 在三个阶段的数值 581.0、422.5、400.0 都是识别差值最大的,从合计值来看,上声也是最大的,为 1403.5。这说明,泰国留学生建立上声的感知范畴最为困难,因此上声习得是泰国留学生声调习得的难点。感知难度较大的是阳平 T2,合计值为1236.0,感知难度较小的是去声 T4,最小的是阴平 T1。如图 6-47 所示,感知难度从小到大的排序是阴平 T1<去声 T4<阳平 T2<上声 T3。该感知难易顺序与汉泰声调相似度顺序相反,也就是阴平 T1>去声 T4>阳平 T2>上声 T3,二者呈反比,相似的声调感知难度小,陌生差异大的声调感知难度大。

表 6-18　初级、中级、高级水平泰国留学生汉语单音节识别差值

| 声调 | 初级 | 中级 | 高级 | 合计 |
|---|---|---|---|---|
| 阴平 T1 | 399.0 | 242.5 | 262.5 | 904.0 |
| 阳平 T2 | 546.0 | 357.5 | 332.5 | 1236.0 |
| 上声 T3 | 581.0 | 422.5 | 400.0 | 1403.5 |
| 去声 T4 | 394.0 | 262.5 | 250.0 | 906.5 |

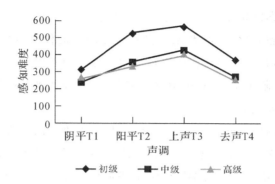

图 6-47　不同水平泰国留学生的汉语四声感知难度比较

　　图 6-48 显示了不同阶段泰国留学生汉语四声感知难度的变化过程,从难到易的顺序是上声＞阳平＞去声＞阴平,在初级、中级、高级三个阶段基本都是这个顺序。初级到中级阶段的感知难度降幅最大,中级到高级的降幅较小,这说明泰国留学生声调感知范畴的建立主要发生在初级到中级这个阶段。到了高级阶段之后,四个声调的感知难度依然与汉语母语者有较大差异,而且差异最大的仍然是上声和阳平。这说明,即使到了高级水平,泰国留学生的声调感知范畴仍然与汉语母语者有较大差异,而这种差异,有可能是导致高级水平的泰国留学生发音时仍然有"洋腔洋调"的深层次因素。

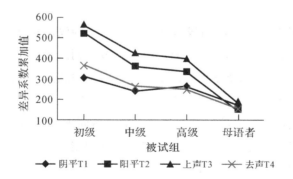

图 6-48　不同阶段泰国留学生汉语四声感知难度的变化过程

　　泰国留学生汉语声调感知范畴的建立过程与弗利奇的语音学习模型 SLP 观点相反。他认为,学习者将与母语感知相似的音同化为母语中同一类的音位范畴中,因此不会注意到某些方面的细微差异,学习者将其当作母语来处理,无法构建起新的语音范畴,从而固化这种认知,即使经过长时间的学习,学习者仍旧带有口音。而泰国留学生则更快、更易掌握感知相似的声调。他还认为,差异较大的陌生音被异化,学习者无法将其与母语中的任何音位对应,因此更容易记住区别特征,并为其建立新的语音范畴。这也与泰国留学生感知陌生声调的过程相反,对于陌生调类,泰国留学生掌握更慢,即使到了高级阶段也仍然与汉语母语者有较大差异。

根据贝斯特的感知同化模型,同化模式与非母语的两个音位范畴的对立辨认的难易程度建立了对应关系。显然,母语经验对于初学者的范畴建立的影响最为直接。因此,本书基于对泰国留学生特别是初级水平泰国留学生的单字调识别差值的计算,对其感知汉语单字调的范畴感知情况,以及将汉语声调与泰语母语的声调范畴感知的同化模式进行讨论。讨论的结果印证了本书第三章的研究结果,即初级水平泰国留学生倾向于把阳平 T2 和上声 T3 都感知为泰语 TT5,将二者都归为 TT5 的感知范畴,因此无法区分阳平和上声,这属于感知同化模型里的 SC 或 CG 类型。这说明,泰国留学生在感知上并没有建立独立清晰的上声范畴。

# 第八节　小　结

本章研究了初级、中级、高级水平泰国留学生的汉语单音节声调范畴感知规律。研究结果表明,泰国留学生对汉语单音节声调的感知规律如下:

(1)不同水平的泰国留学生对汉语单音节声调的感知具有共性,阳平 T2 与上声 T3 对立组合都是连续感知,其他组的对立范畴化则感知显著。而汉语母语者的阳平与上声的对立感知是准范畴感知。不同水平组的感知能力有差异,随学习阶段的提高而提高。但到了高级阶段,泰国留学生和汉语母语者的感知尚有差异。泰国留学生对汉语声调的感知线索主要是音高和调型,发声方式对声调感知不起作用。

(2)泰国留学生的 T1 范畴在四个声调中比较稳定也比较窄,T2 的范畴空间比较宽,但不稳定,T3 的范畴在与其他三个声调的对立组合中变化最大,最不稳定,其中与 T1 组合中最大,均大于 6,表明范畴较大。T3 的范畴在与 T2 对立中范畴空间最小,T4 范畴变化较小,范畴边界在 5 左右。六个对立组中,初级、中级、高级三组识别边界的排序基本相同,中级组和高级组完全相同,说明不同阶段留学生的识别范畴变化很小,而中级到高级阶段几乎无变化。六组识别边界的排序是 T1—T2＜T1—T4＜T1—T3＜T2—T4＜T3—T4＜T2—T3,其中 T2—T3 的识别范畴与其他组差异较大。

(3)初级、中级、高级三个阶段每个组合区分曲线的区分率均值变化很小,与汉语母语者相比差异较大,平均低 12％。六个组合中,首先,区分率最高的是 T2—T4,原因是二者为升调和降调的对立,差异较大,易于区分。其次区分率较高的是 T1—T4、T1—T3 组合。最低的是 T2—T3 组合,原因是二者被感知为泰语中的同一个声调 TT5,难以被区分和识别。也就是说,区分率从初级到高级阶段有较大变化,中级到高级阶段变化很小。T2—T3 组的区分率与汉语母语者相差最大,说明泰国留学生对阳平和上声的辨别即使在高级阶段仍然存在较大问题。

(4)在本书第三章结论中得出的三个陌生对立组的相似程度高低排序是 T1—T3＞T3—T4＞T2—T3,这个顺序与本章三者的识别差值排序完全吻合,317.5＜352.5＜717.5,二者呈现反比关系,也就是相对近似的 T1—T3 感知较易,最为陌生的 T2—T3 感知最为困难,T2—T3 的初级水平阶段识别差值最大。这说明,即使在三个陌生对立组中,也遵循相似对立组感知较易、陌生对立组感知较难的规律。本书的结论可修正 SLM 理论:泰国留学生汉语声调感知范畴的建立过程与弗利奇的语音学习模型 SLM 的观点相反,泰国留学生可在泰语中找到与相似的声调对立组近似的对立组,对相似的声调对立组掌握得更快;而对于陌生、差异大的声调对立组,泰国留学生在泰语中找不到对应的对立对感知范畴,新的感知范畴的建立更难更慢,也更难掌握,即使到了高级阶段,陌生对立组的声调感知模式仍然与汉语母语者有较大差异。

(5)感知难度从小到大的排序是阴平 T1＜去声 T4＜阳平 T2＜上声 T3,与第三章汉泰声调相似度顺序阴平 T1＞去声 T4＞阳平 T2＞上声 T3 相比,二者顺序相反,呈反比,相似的声调感知难度小,陌生差异大的声调感知难度大。

(6)笔者根据贝斯特的感知同化模型与非母语的两个音位范畴的对立辨认的难易程度建立了对应关系。阳平与上声属于感知同化模型里的 SC 或 CG 类型,说明泰国留学生在感知上并没有建立独立清晰的上声范畴。

泰国留学生汉语声调感知范畴的建立主要发生在初级到中级这个阶段,到了高级阶段之后,声调感知范畴仍然与汉语母语者有较大差异。而这种差异,有可能是导致高级水平泰国留学生发音时仍然有“洋腔洋调”的深层次因素。

# 第七章　泰国留学生汉语双音节声调感知研究

本章主要研究初级、中级、高级泰国留学生对汉语16种双音节声调组合的听辨和感知情况，发现听辨偏误率较高的声调组合，与泰国留学生的双音节声调产出情况进行对比，探究初级、中级、高级水平泰国留学生双音节声调习得的规律和特点，以及双音节声调产出与感知的关系。

本章使用汉语四声形成16种双音节声调组合，即 T1＋T1、T1＋T2、T1＋T3、T1＋T4、T2＋T1、T2＋T2、T2＋T3、T2＋T4、T3＋T1、T3＋T2、T3＋T3、T3＋T4、T4＋T1、T4＋T2、T4＋T3、T4＋T4[①]，每种声调组合选取汉语发音人的10个语音样本，共160个语音样本。使用 E-prime 软件呈现刺激，选取初级、中级、高级各20名泰国留学生共60人进行双音节声调听辨实验，留学生被试听到语音样本播放两次后，输入前后两个音节的调类，如听到"北京"后输入"31"。最后把被试输入的听辨结果导入 Excel 进行统计分析。考虑到"上声＋上声"组合中的变调影响，将"T33"判断为"23"也算正确。

## 第一节　泰国留学生汉语双音节声调感知总体偏误率统计

图7-1是对初级、中级、高级三个阶段16种双音节声调组合感知正确率的对比，不同阶段的双音节声调组合感知正确率有差异。初级水平感知正确率普遍较低，而中级和高级水平近似，差距缩小。这说明，这16种声调组合经过一段时间的语音学习后变化较大，是通过语音训练可以有效提高的。初级阶段正确率最低的是 T1＋T3、T3＋T3、T4＋T3 三种组合；中级阶段正确率最低的是

---

① 本书图表中以符号 T11 表示"T1＋T1"的组合，依此类推。

T1＋T3、T3＋T2、T4＋T3 三种组合；高级阶段正确率普遍较高,只有 T1＋T3、T3＋T2 和 T2＋T3 略低,说明特定的组合正确率变化较慢。

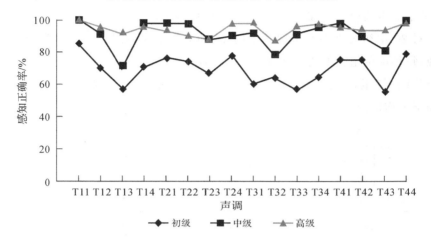

图 7-1　初级、中级、高级三个阶段 16 种双音节声调组合感知正确率对比

T3＋T2、T2＋T3 两种声调组合从初级阶段到中高级阶段的变化幅度很小,中级与高级阶段几乎无变化,在高级阶段这个声调组合的正确率仍然偏低。也就是说,虽然在初级阶段这两个声调组合的正确率较低,但经过几年的学习之后变化很小,可见泰国留学生对这两个声调的听辨感知处于瓶颈状态,与训练时间相关性不大。其原因可能是,泰国留学生对 T2—T3 的感知是连续感知,而不是范畴感知,他们将二者都归入了泰语的 TT5,调值为 14,无法区分二者,没有建立 T3 的感知范畴。因此,泰国留学生即使到了高级阶段对 T2—T3 的感知仍然存在一定问题,与汉语母语者的感知范畴存在较大差异。

# 第二节　初级水平泰国留学生汉语双音节声调感知结果统计

## 一、16 种声调组合感知偏误率分布

在初级水平泰国留学生对汉语双音节声调的听辨感知中,不同水平留学生之间差异较大,两极分化明显。上声组合是留学生听辨的一个难点,听辨最为困难的是 T1＋T3、T3＋T3、T4＋T3 三种声调组合。T3 在泰语中没有唯一对

应的相似调位,对应泰语的 TT5 和 TT2 两个调位。因此,T3 的感知范畴建立较困难,习得难度较大。从初级组来看,相似的声调组合更容易感知,更容易掌握,陌生的声调组合感知范畴的建立更难,更难掌握。

对 20 位初级水平泰国留学生的 16 种双音节声调组合进行分类统计可以发现,每种声调组合的听辨正确率并不相同。如图 7-2 所示,正确率最高的为 T1+T1 声调组合,达 85%,最低的是 T3+T3 双音节声调组合,仅达到 45%,正确率平均值为 68%,标准差为 11.3。

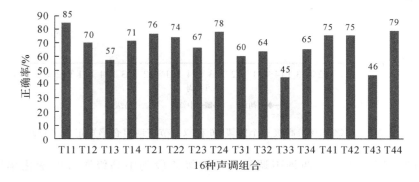

图 7-2　初级水平泰国留学生 16 种双音节声调组合的感知正确率

男生和女生对 16 种双音节声调组合的感知正确率有显著差异。男生的感知正确率均值为 53%,女生的感知正确率均值为 76%,可以看出女生正确率比男生高。选取男女两组各 10 人进行了同样的感知实验,笔者还采用 $t$ 检验,对男女两组的正确率进行了差异显著性检验,结果显示,$p<0.001$,这表明男女两组有显著性差异。

初级水平泰国留学生 16 种双音节声调组合的正确率可分为几个类别。使用 SPSS 统计软件对 16 种双音节声调组合的正确率进行 K-mean 聚类分析,可得到表 7-1 所示的三个类别:第一类正确率为 77.43%,该类有 7 种声调组合,约占组合的一半;第二类为 64.86%,该类有 7 种声调组合;第三类为 45.50%,该类有 2 种声调组合,都是包含 T3 的 2 种声调组合,其中 T3+T3 正确率最低。

表7-1　初级水平泰国留学生16种双音节声调组合的感知正确率聚类分析

| 聚类 | 正确率/% | 案例数 |
|---|---|---|
| 聚类1 | 77.43 | 7.000 |
| 聚类2 | 64.86 | 7.000 |
| 聚类3 | 45.50 | 2.000 |
| 有效 | | 16.000 |
| 缺失 | | 0.000 |

在以上三类中,第一类7种组合中都不包含T3,正确率均值为77.43%。第一类中的T1、T2、T4在泰语中都有对应的相似调类,归入相似声调的感知范畴,因此习得较为容易,正确率较高。而第二类和第三类都包含T3,T3在泰语中没有唯一对应的相似调位,对应泰语的TT5和TT2两个调位,因此T3的感知范畴建立较困难,习得难度较大,特别是第三类中的T3+T3和T4+T3。从初级水平泰国留学生来看,相似的声调组合更容易被感知和掌握,而陌生的声调组合感知范畴的建立更难,更难被掌握。

## 二、前后位感知偏误趋向

汉语四声处于双音节词前后不同位置时,会被泰国留学生错误感知成其他的调类,而且感知偏误趋向具有一定的规律。偏误出现最多的情况是,上声T3被错成阳平T2,这表明陌生声调上声T3的新感知范畴的建立较为困难,易与阳平T2混淆。

表7-2　初级水平泰国留学生的双音节声调感知偏误趋向和偏误率

| 位置 | 调类 | 错成调类偏误率/% | | | | 偏误率合计/% |
|---|---|---|---|---|---|---|
| | | T1 | T2 | T3 | T4 | |
| 前 | T1 | | 8.33 | 2.33 | 2.00 | 12.66 |
| | T2 | 6.00 | | 5.67 | 0.67 | 12.34 |
| | T3 | 12.00 | 6.67 | | 2.33 | 21.00 |
| | T4 | 4.00 | 6.00 | 2.33 | | 12.33 |
| 小计 | | 22.00 | 21.00 | 10.33 | 5.00 | |

**续表**

| 位置 | 调类 | 错成调类偏误率/% | | | | 偏误率合计/% |
|---|---|---|---|---|---|---|
| | | T1 | T2 | T3 | T4 | |
| 后 | T1 | | 7.67 | 2.00 | 5.00 | 14.67 |
| | T2 | 9.00 | | 8.00 | 2.67 | 19.67 |
| | T3 | 10.33 | 29.67 | | 4.00 | 44.00 |
| | T4 | 6.00 | 5.00 | 2.33 | | 13.33 |
| 小计 | | 25.33 | 42.34 | 12.33 | 11.67 | |

从表 7-2 中可以看出,初级水平泰国留学生前音节错成阳平 T2 和阴平 T1 的概率较高,小计项数值分别达到 21.00% 和 22.00%,概率最小的是去声 T4 的 5.00%,错成上声 T3 的概率也较小,为 10.33%。换一个角度看,从四声前字单项来看,上声 T3 偏误率最高,达到 21.00%,其余三个声调偏误率相差不大。

此外,初级水平后音节上声 T3 错成阳平 T2 的概率远大于其他几个调类,达到 29.67%。这表明,上声 T3 为后音节时最易误被感知成阳平 T2,初级水平泰国留学生对于上声与阳平的区分存在一定难度。其次是将上声 T3 错成阴平 T1,在前后位置都比较显著。

表 7-2 每行右侧的合计数值表示初级水平泰国留学生汉语四声的偏误率,前音节中四声偏误率的排序是上声 T3 最高,其他三个声调的偏误率略同。后音节中偏误率也是上声 T3 最大,但偏误率较前音节高出一倍,达到 44%,去声和阴平偏误率最小。

# 第三节　中级水平泰国留学生汉语双音节声调感知结果统计

## 一、16 种声调组合感知偏误率分布

中级水平泰国留学生对汉语双音节声调的听辨感知能力整体有较大幅度的提高,但对上声 T3 的听辨能力仍旧是一个难点,听辨最为困难的是 T1+T3、T3+T2 两种声调组合。

对 20 位中级水平泰国留学生的 16 种双音节声调组合进行分类统计后可以发现,每种声调组合的听辨正确率并不相同。如图 7-3 所示,正确率最高的为 T1＋T1 和 T4＋T4 声调组合,达 100％,最低的是 T1＋T3、T3＋T2、T4＋T3 三种双音节声调组合。

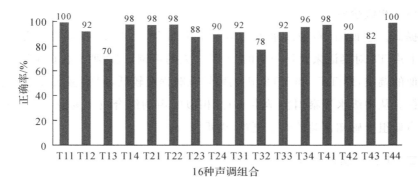

图 7-3 中级水平泰国留学生 16 种双音节声调组合的感知正确率

中级水平泰国留学生 16 种双音节声调组合的听辨正确率可分为几个类别。使用 SPSS 统计软件对 16 种双音节声调组合的正确率进行 K-mean 聚类分析,可得到表 7-3 中的三个类别:第一类正确率为 98.29％,该类有 7 种声调组合,正确率最高,几乎完全正确,也就是说,中级水平泰国留学生对这 7 种声调组合的听辨已经完全不存在问题;第二类正确率为 89.43％,该类有 7 种声调组合,中级水平泰国留学生对该类组合的听辨还存在一定问题;第三类正确率为 74.00％,该类有 2 种声调组合,分别是 T1＋T3、T3＋T2 声调组合。

表 7-3 中级水平泰国留学生 16 种双音节声调组合的感知正确率聚类分析

| 聚类 | 正确率/％ | 案例数 |
|------|---------|--------|
| 聚类 1 | 98.29 | 7.000 |
| 聚类 2 | 89.43 | 7.000 |
| 聚类 3 | 74.00 | 2.000 |
| 有效 | | 16.000 |
| 缺失 | | 0.000 |

第一类 7 种组合的正确率最高,为 T1＋T1、T1＋T4、T2＋T1、T2＋T2、T3＋T4、T4＋T1、T4＋T4,绝大多数是 T1、T4、T2 这三个与泰语相似度较高

声调的组合,在泰语中有近似的对应调位,习得较容易,中级组和高级组的正确率几乎能达到汉语母语者的水平。

第三类组合的正确率最低,是 T1+T3、T3+T2 两种声调组合,均是与上声 T3 的声调组合,其中 T1+T3 组合也是初级阶段感知最为困难的一个组合,正确率从初级阶段的 68% 变为 70%,增加幅度仅有 2 个百分点,也就是说没有显著提高。这说明,对中级水平泰国留学生而言,上声 T3 的听辨仍是一个难点。上声 T3 对泰语来说是陌生的、差异最大的声调,这两种组合在泰语中有两个相似的调类,即 TT5 和 TT2,声调感知范畴程度较低,因此感知最为困难,更难掌握。从中级水平泰国留学生来看,相似的声调组合更容易感知和掌握,陌生的声调组合感知范畴的建立更难,更难掌握。

### 二、前后位感知偏误趋向

表 7-4 显示,中级水平泰国留学生前音节错成阴平 T1 的概率较大,错成去声 T4 的概率最小。前后偏误率排序一致,偏误率最大的是上声 T3,最低的是去声 T4。从四声前字单项来看,前字上声 T3 错成阴平 T1 的概率最大,达到 11.36%。这个概率与初级阶段相比,变化不大,但是后音节上声 T3 错成阳平 T2 的概率远大于其他三个调类,达到 26.14%。这表明,上声 T3 为后音节时最易误被感知成阳平 T2,中级水平泰国留学生对于区分上声与阳平也存在一定难度。

表 7-4 每行右侧的合计数值表示中级水平泰国留学生四声的偏误率,前音节中四声的偏误率是上声 T3 最高,达到 19.32%,后音节中也是上声 T3 最大,达到 28.41%。这两个偏误率跟初级组相差不大。

表 7-4　中级水平泰国留学生的双音节声调感知偏误趋向和偏误率

| 位置 | 调类 | 错成调类 | | | | 偏误率 |
| --- | --- | --- | --- | --- | --- | --- |
| | | T1 | T2 | T3 | T4 | 合计/% |
| 前 | T1 | | 2.27 | 0.00 | 1.14 | 3.41 |
| | T2 | 3.41 | 0.00 | 2.27 | 0.00 | 5.68 |
| | T3 | 11.36 | 6.82 | | 1.14 | 19.32 |
| | T4 | 0.00 | 0.00 | 0.50 | 0.00 | 0.50 |
| 小计 | | 14.77 | 9.09 | 2.77 | 2.28 | |

| 位置 | 调类 | 错成调类 | | | | 偏误率 |
| --- | --- | --- | --- | --- | --- | --- |
| | | T1 | T2 | T3 | T4 | 合计/% |
| 后 | T1 | 0.00 | 1.14 | 1.14 | 1.14 | 3.42 |
| | T2 | 5.68 | 0.00 | 7.95 | 2.27 | 15.90 |
| | T3 | 2.27 | 26.14 | 0.00 | 0.00 | 28.41 |
| | T4 | 0.00 | 1.14 | 0.00 | 0.00 | 1.14 |
| 小计 | | 7.95 | 28.42 | 9.09 | 3.41 | |

# 第四节　高级水平泰国留学生汉语双音节声调感知结果统计

### 一、16 种声调组合感知偏误率分布

高级水平泰国留学生对汉语 T3＋T2、T2＋T3 两种声调组合的听辨正确率最低。一方面是因为泰国留学生对 T2＋T3 的感知是连续感知,而不是范畴感知;另一方面是因为在 T3＋T2、T2＋T3 两种声调组合中,T3 和 T2 都被感知为泰语中的 TT5,调值为 14,因此无法区分 T2 和 T3,即使到了高级阶段仍然与汉语母语者有较大差异。这表明,陌生的声调组合在泰语中没有对应的组合对,需要建立新的声调感知范畴,而新的声调感知范畴的建立需要一个长期的过程,即使到了高级阶段仍然存在一定问题,与汉语母语者的感知范畴存在较大差异。

对 20 位高水平泰国留学生的 16 种双音节声调组合进行分类统计可以发现,每种声调组合的听辨正确率并不相同,如图 7-4 所示,正确率最高的为 T1＋T1 声调组合,达 100％,完全正确;最低的是 T3＋T2 双音节声调组合,达 86％。

16 种双音节声调组合的听辨正确率各不相同,整体呈正态分布,同时正确率可分为几个类别,使用 SPSS 统计软件对 16 种双音节声调组合的正确率进行K-mean 聚类分析,可得到以下图中三个类别,第一类正确率为 98.40％,该类有 5 种声调组合,几乎完全正确;第二类为 94.22％,该类有 9 种声调组合,数量最多;第三类正确率为 87.00％,该类有 2 种声调组合,正确率最低,分别是 T2＋

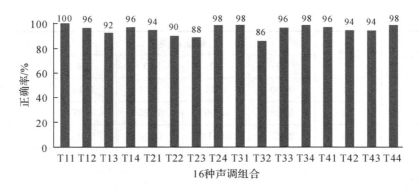

图 7-4　高级水平泰国留学生 16 种双音节声调组合的感知正确率

T3、T3＋T2 声调组合。

表 7-5　高级水平泰国留学生 16 种双音节声调组合的感知正确率聚类分析

| 聚类 | 正确率/％ | 案例数 |
|------|-----------|--------|
| 聚类 1 | 98.40 | 5 |
| 聚类 2 | 94.22 | 9 |
| 聚类 3 | 87.00 | 2 |
| 有效 | | 16 |
| 缺失 | | 0 |

如表 7-5 所示,第一类声调组合正确率最高,有 5 种组合,正确率平均为 98.4％,其中 T1＋T1 达到 100％;其次是 T2＋T4、T3＋T1、T3＋T4、T4＋T4,均达到 98％。

第二类有 9 种组合,数量最多,正确率平均为 94.22％。其中 T1＋T2、T1＋T4、T3＋T3、T4＋T1 均达到 96％;其次是 T2＋T1、T4＋T2、T4＋T3,达到 94％;T1＋T3 为 92％;T2＋T2 为 90％。

第三类有 2 种组合,数量最少,正确率最低,平均为 87％;分别是 T2＋T3、T3＋T2 声调组合,正确率分别为 88％和 86％。

也就是说,对于高水平泰国留学生而言,T3＋T2、T2＋T3 两种声调组合的听辨正确率最差,偏误率分别达到 14％和 12％,二者较为接近。在 T3＋T2 组合偏误中,3.75％被误听为 T3＋T1,另 3.75％被误听为 T3＋T3。在 T2＋T3 组合偏误中,3.75％被误听为 T2＋T2。

高水平泰国留学生对汉语 T3＋T2、T2＋T3 两种声调组合的听辨正确率最低。一方面是因为泰国留学生对 T2＋T3 的感知是连续感知,而不是范畴感知,容易将二者混淆;另一方面是因为 T2 容易被感知为 T1。

### 三、前后位感知偏误趋向

如表 7-6 所示,高级水平泰国留学生前音节错成阳平 T2 的概率较大,小计项数值达到 3.0％;主要的偏误是上声 T3 错成阳平 T2;概率最小的是上声 T3 错成去声 T4,为 1.0％。高级水平泰国留学生后音节错成其他三个调类的概率相近。这表明,高级水平泰国留学生的偏误主要是上声,但上声与阳平二者的听辨也依然存在一些问题。

表 7-6 中,每行右侧的合计数值表示汉语四声的偏误率。前音节中,四声的偏误率最大的是阳平,达到 2.5％;后音节中也是阳平 T2 最大,达到 7.5％;上声 T3 的偏误率也较大;去声 T4 和阴平 T1 偏误率最小。

表 7-6　高级水平泰国留学生的双音节感知偏误趋向和偏误率

| 位置 | 调类 | 错成调类的偏误率/％ | | | | 偏误率 |
| --- | --- | --- | --- | --- | --- | --- |
| | | T1 | T2 | T3 | T4 | 合计/％ |
| 前 | T1 | | 1.0 | 0.0 | 0.5 | 1.5 |
| | T2 | 1.5 | | 0.5 | 0.5 | 2.5 |
| | T3 | 0.0 | 2.0 | | 0.0 | 2.0 |
| | T4 | 0.0 | 0.0 | 1.0 | | 1.0 |
| 小计 | | 1.5 | 3.0 | 1.5 | 1.0 | |
| 后 | T1 | | 0.5 | 1.0 | 0.5 | 2.0 |
| | T2 | 3.5 | | 2.5 | 1.5 | 7.5 |
| | T3 | 0.0 | 3.0 | | 1.0 | 4.0 |
| | T4 | 0.0 | 0.5 | 0.5 | | 1.0 |
| 小计 | | 3.5 | 4.0 | 4.0 | 3.0 | |
| 总计 | | | | | | 21.5 |

## 第五节　不同阶段泰国留学生双音节声调感知比较分析

图 7-5 是初级、中级、高级三个阶段 16 种双音节声调组合感知难度变化。初级、中级、高级三个阶段感知难度的趋势是下降的，从初级阶段到中级阶段的降幅最大，中级阶段到高级阶段大多数降幅较小。这说明，泰国留学生汉语声调感知范畴的调整和建立主要在初级到中级阶段。

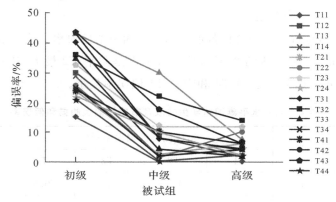

图 7-5　初级、中级、高级三个阶段 16 种双音节声调组合感知难度变化

变化最慢的是 T2—T3、T1—T3、T4—T3 三个组合。三个组合共同的特点是都含有上声 T3，而且后音节都是 T3，从初级到中级阶段，这三个组合的感知难度降幅最小，中级到高级阶段虽然降幅最大，修正较快，但仍然是较高偏误率的组合。这说明上声 T3 组合在初级阶段难度最大，声调感知范畴的建立也最难，持续的时间也最长。

图 7-6 是初级、中级、高级水平泰国留学生汉语四声在双音节声调前后位置的偏误率，初级阶段四声的偏误率最高，高级最低，说明随着学习时间的不断增加，泰国留学生对四种声调的掌握程度逐渐熟练，双音节声调听辨感知趋于稳定。后音节的感知偏误率有大于前音节的倾向。这说明，语流音变对后字的变调影响要大于对前字声调的影响。四声之中，上声的偏误率在初级和中级阶段前后音节中都是最高的，表明上声是泰国留学生最难习得的声调。而到了高级阶段这种特点不显著，说明对于高级水平泰国留学生而言，上声在双音节中不是最难的，四种声调的感知情况相近。上声位于前字时，虽然普遍以低降 211

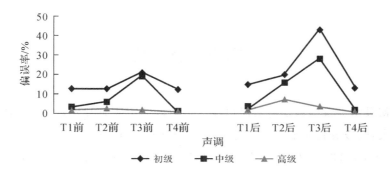

图 7-6　泰国留学生汉语四声在双音节声调前后位置的偏误率

形式出现,不易被误听成升调,但在双音节词中受语流音变的影响,后接高起点
的阴平和去声时,前字上声的尾部被拉高,留学生反而将其听成升调。比如,泰
国留学生容易将"雨帽"听成"鱼帽"。上声在后位时,由于有足够的发音时间,
常能发成全调型;而留学生更关注音节尾音,容易将上声听成阳平。因此,前字
阳上混淆的情况要少于后字阳上混淆的情况。

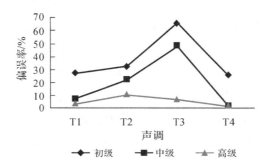

图 7-7　泰国留学生汉语四声在双音节声调中的偏误率

　　图 7-7 是对泰国留学生汉语四声在前后音节中的偏误率进行计算后得到的
均值,偏误率的排序如下:初级组和中级组,上声 T3＞阳平 T2＞阴平 T1＞去声
T4(T1 和 T4 相差很小);高级组,阳平 T2＞上声 T3＞阴平 T1＞去声 T4。这
个结果说明,初级组和中级组双音节四声调的感知难度与单音节较为一致,而
高级组在双音节语境下对上声的感知较好。

# 第六节　小　结

在初级水平泰国留学生对汉语双音节声调的听辨感知中,不同留学生之间差异较大,两极分化明显。上声组合是留学生听辨的一个难点,听辨最为困难的是 T1＋T3、T3＋T3、T4＋T3 三种声调组合。T3 在泰语中没有唯一对应的相似调位,而是对应泰语的 TT5 和 TT2 两个调位,因此 T3 的感知范畴建立较困难,习得难度较大。从初级水平来看,相似的声调组合更容易感知和掌握,陌生的声调组合感知范畴的建立更难,也更难掌握。

中级水平泰国留学生对汉语双音节声调的听辨感知能力整体有较大幅度的提高,但上声 T3 的听辨仍旧是一个难点,听辨最为困难的是 T1＋T3、T3＋T2 两种声调组合。与泰语相似的声调组合更容易感知和掌握,陌生的声调组合感知范畴的建立更难,也更难掌握。

高水平泰国留学生对汉语 T3＋T2、T2＋T3 两种声调组合的听辨正确率最低。一方面是因为泰国留学生对 T2—T3 的感知是连续感知,而不是范畴感知;另一方面是因为 T3＋T2、T2＋T3 两种声调组合中 T3 和 T2 都被感知为泰语中的 TT5,调值为 14,因此泰国留学生无法区分 T2 和 T3,即使到了高级阶段也仍然与汉语母语者有较大差异。这表明,陌生的声调组合在泰语中没有对应的组合对,需要建立新的声调感知范畴,而新的声调感知范畴的建立需要一个长期的过程,即使到了高级阶段也仍然存在一定问题,与汉语母语者的感知范畴存在较大差异。

初级组、中级组汉语四声听辨感知偏误率的排序是:上声 T3＞阳平 T2＞阴平 T1＞去声 T4(后两者相差不大)。高级组的排序是:阳平 T2＞上声 T3＞阴平 T1＞去声 T4(后两者相差不大)。

# 第八章　声调产出与感知的关系研究

对于语音产出与感知的关系,弗利奇认为,语音的感知先于产出。成人学习者从小已经建立一套母语的音系范畴,在习得第二语言时,需要先调整旧的音位感知,为二语新范畴的建立和新语音的加工做好准备,在感觉肌动和神经命令方面重新编码。学习者的产出和感知之间存在着一定程度的关联(Flege,1991)。他在对汉语母语者英语辅音学习所做的一项感知研究中,计算了产出与感知的相关性。但是,感知和产出之间并不存在必然的映射关系,这种相关性有其存在的条件限制。王韫佳(2002)认为,第二语言习得中产出和感知的关系是非常复杂的,她通过对日本学习者感知和产出汉语鼻音韵母的方式所做的实验研究发现,感知与产出之间存在正相关,但在项目分析中,感知与产出之间无显著相关。她还提出,对感知和产出关系所做的研究应从语音感知的声学线索、发音声学特点、感知与发音的获得顺序等方面进行。

本章综合分析初级、中级、高级三个阶段泰国留学生习得和感知汉语单音节和双音节的数据,把不同水平留学生的汉语声调习得产出难度和顺序,与汉语声调识别差值、陌生和相似度相结合,分析产出与感知的关系,并与弗利奇的语音学习模型相比较,分析了泰国留学生汉语声调习得与感知的发展变化过程,提出了基于感知的汉语声调习得预测模型。

## 第一节　单音节声调产出与感知的关系

泰国留学生汉语单音节声调产出与感知之间存在相关性,特别是初级水平泰国留学生,他们的声调产出与感知之间高度相关,陌生的声调习得(产出)偏误高,相应调类感知难度较大;相似的声调偏误低,感知难度较小。泰国留学生习得汉语声调以对汉语四声感知的难度为基础,感知难度大的声调越难习得,感知难度小的则易于习得,上声最难习得,阳平次之,阴平和去声最易习得。同时,需要识别差值、偏误率、相似度三者之间的关联和一致性,与泰语声调相似的调类如阴平 T1 和去声 T4,在泰语中存在近似的声调感知范畴,不需要建立新的感知范畴,只需要对原有的泰语声调感知范畴进行调整即可,感知难度较低,则习得较为容易,偏误率也较低。而与泰语声调差异较大的模式调类如上声 T3,泰语中不存在与之近似的调类,需要建立新的声调感知范畴,过程较为缓慢,识别感知难度较大,较难习得,偏误率也较高。

表 8-1 是初级水平泰国留学生汉语单音节声调组合习得(产出)偏误率与识别差值,以及对第六章单音节 6 对样本初级水平泰国留学生感知数据进行相关性分析后得到的数据。使用 SPSS 软件 Pearson 相关性分析,得到相关系数为 0.953,显著性 $p$ 值为 0.003,相关显著性水平高,二者高度相关。这表明,初级水平泰国留学生的单音节声调产出与感知之间存在显著相关性,偏误率与感知难度正相关,偏误率越高,感知难度越大,相似度越小。

**表 8-1　初级水平泰国留学生单音节声调组合的偏误率与识别差值**

| 声调组合 | 偏误率/% | 识别差值 | 相似度 |
|---|---|---|---|
| T1—T2 | 11.7 | 12.7 | 相似 |
| T3—T4 | 14.7 | 14.2 | 陌生 |
| T1—T3 | 17.8 | 15.6 | 陌生 |
| T2—T4 | 11.1 | 13.6 | 相似 |
| T1—T4 | 13.8 | 11.6 | 相似 |
| T2—T3 | 28.4 | 28.3 | 陌生 |

表 8-1 中偏误率和识别差值两项参数可分为高、低两类,T3—T4、T1—T3、T2—T3 这三组数值都较高,其他三组数值较低。这两组和相似与陌生两类完全吻合,陌生的声调偏误率高、差值大,相似的声调偏误率数值低、差值低。T1—T2、T2—T4、T1—T4 三个对立组合与泰语声调近似,T3—T4、T1—T3、T2—T3 三个对立组中 T3 是陌生的声调,对于泰语声调系统而言属于陌生的对立组合。相似的三个声调组合偏误率和识别差值均较低,显著小于陌生的三个声调组合,这三对的识别差值在初级、中级、高级等几项中数值都最大;在泰

语系统中有近似的对立对,这三对的差值比第一类要小,在识别差值的初级、中级、高级各项中远小于陌生的对立对。也就是说,对于泰国留学生而言,陌生对立对声调感知范畴的建立比近似对立对声调感知范畴的建立更为困难,陌生类中 T2—T3 的偏误率最高,差值最大,说明识别感知难度大的声调偏误率高,识别难度小的声调偏误率低,感知识别难度和偏误率正相关,感知与产出正相关。

表 8-2 是第四章中级水平泰国留学生汉语单音节声调组合习得(产出)偏误率与识别差值,我们将其与第六章中中级水平泰国留学生对六对单音节声调组合感知难度数据进行相关性分析。使用 SPSS 软件 Pearson 相关性分析,得到相关系数为 0.991,显著性 $p$ 值为 0.001,显著性水平较高,二者高度相关。这表明,中级水平泰国留学生单音节声调产出与感知之间存在相关性。

表 8-2　中级水平泰国留学生单音节声调组合的偏误率与识别差值

| 声调组合 | 偏误率/% | 识别差值 |
|---|---|---|
| T1—T2 | 1.70 | 8.00 |
| T3—T4 | 5.60 | 12.25 |
| T1—T3 | 3.90 | 8.75 |
| T2—T4 | 1.10 | 6.50 |
| T1—T4 | 1.90 | 7.50 |
| T2—T3 | 11.90 | 21.25 |

表 8-3 是高级水平泰国留学生感知单音节声调六对组合的偏误率与识别差值,使用 SPSS 软件 Pearson 进行相关性分析,得出相关系数为 0.889,显著性 $p$ 值为 0.018,显著性水平较高,二者高度相关。这表明,高级水平泰国留学生单音节声调产出与感知之间存在相关性。

表 8-3　高级水平泰国留学生单音节声调组合的偏误率与识别差值

| 声调组合 | 偏误率/% | 识别差值 |
|---|---|---|
| T1—T2 | 0.02 | 7.00 |
| T3—T4 | 0.08 | 9.70 |
| T1—T3 | 0.01 | 11.00 |
| T2—T4 | 0.04 | 7.00 |
| T1—T4 | 0.03 | 8.20 |
| T2—T3 | 0.03 | 19.29 |

从图 8-1 可看出,纵向比较,(a)、(b)图中数值最高的都是 T2—T3 组合,其次是 T3—T4 和 T1—T3 组合,包含 T3 的组合偏误率和识别差值都较大。初级、中级、高级三个阶段中,偏误率和识别差值都是逐渐降低的,其中初级到中级阶段的变化幅度最大。识别差值与偏误率相关,识别差值大的,难度和偏误率也大,反之亦然。

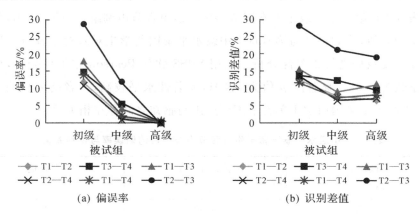

(a) 偏误率　　　　　　(b) 识别差值

图 8-1　初、中、高级水平泰国留学生汉语六对声调组合偏误率和识别差值变化对比

对表 8-1 到表 8-3 中包含四个声调的组合分别进行累加,从六对单音节组合的偏误率和识别差值中,可计算出汉语四个声调的感知难度和偏误率,四声识别差值合计初级>中级>高级,偏误率合计数值大小与该顺序相同。这表明,初级水平泰国留学生对汉语四声的感知难度远大于高级水平,相对应初级水平的偏误率也是高级水平的几倍,感知难度与偏误率呈正相关,感知难度越大偏误率越高,初级和中级水平阶段的感知难度与偏误率的相关性最高。

初级水平阶段四声之中感知难度最大的是上声,感知难度排序为上声>阳平>阴平>去声,阳平次之,难度最小的是去声。相应地,偏误率最高的也是上声,偏误率排序为上声>阳平>去声>阴平,去声和阴平的偏误率序列与差值有差异。但上声和阳平的识别差值和偏误率都是最高的,也就是说,对于初级水平泰国留学生而言,上声是最难的,阳平次之。上声最难的原因不仅在于上声有特殊的发声方式,更重要的是泰国留学生难以建立上声的感知范畴,对上声的感知难度最大,这相应地造成了习得产出的困难。

中级和高级水平泰国留学生的特点相同,四声之中感知难度最大的都是上声,难度最小的都是阴平。相应地,偏误率最高的也是上声。对于高级水平泰国留学生而言,虽然上声的偏误率已大幅度降低,但上声仍旧是最难的,阳平次之。大部分高级水平泰国留学生虽然已经掌握了上声的特殊发声方式,但在上声范畴感知方面仍存在一定困难,与汉语母语者仍存在较大差距。

四声从识别差值和偏误率两个方面的排序是,上声 T3>阳平 T2>去声 T4>阴平 T1,该顺序与第三章通过汉泰声调相似度计算得出的顺序一致,识别差值、偏误率、相似度三者之间存在关联和一致性。与泰语声调相似的调类如阴平 T1 和去声 T4,在泰语中存在近似的声调感知范畴,不需要建立新的感知范畴,只需要对原有的泰语声调感知范畴进行调整,感知难度较低,习得较为容易,偏误率也较低。而与泰语声调差异较大的模式调类如上声 T3,因为泰语中不存在与之近似的调类,所以需要建立新的声调感知范畴,过程较为缓慢,识别感知难度较大,较难习得,偏误率也较高。

图 8-2 是初级、中级、高级水平泰国留学生的汉语感知难度和偏误率变化对比,(a)图和(b)图从上到下的声调顺序一致,均为上声 T3>阳平 T2>去声 T4>阴平 T1,从左到右的变化趋势一致,都为下降趋势,且上声和阳平的变化幅度明显大于去声和阴平。这表明,泰国留学生在汉语声调学习中,感知难度与产出偏误率高度相关,感知难度大的声调偏误率高,感知难度小的声调偏误率低。汉语声调感知范畴的建立主要在初级到中级阶段,高级阶段之后仍然与汉语母语者有较大差距。

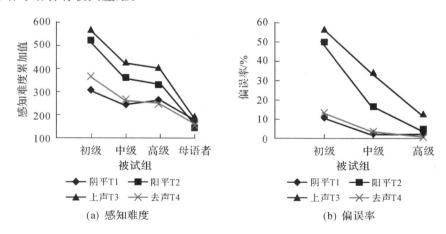

(a) 感知难度          (b) 偏误率

图 8-2　初级、中级、高级水平泰国留学生的汉语四声感知难度和偏误率变化对比

# 第二节　双音节声调产出与感知的关系

双音节声调产出与感知的数据分析结果与单音节声调相同,即泰国留学生的双音节声调产出与感知之间存在相关性,特别是初级和中级水平泰国留学生的双音节声调产出与感知高度相关,产出偏误率越高的声调组合相应调类之间感知难度越大。换言之,双音节声调组合产出偏误率高的深层次原因是,相应的双音节声调组合的感知难度大,相应组合的声调感知范畴尚未建立。泰国留学生的汉语声调习得以汉语四声感知难度为基础,感知难度越大的声调越难习得,上声最难习得,阳平次之,阴平和去声最易习得。

表 8-4 是初级、中级、高级泰国留学生的双音节声调组合习得产出偏误率与双音节感知偏误率。这些是从第五章中的泰国留学生双音节习得产出偏误率和第七章中的双音节声调组合感知偏误率计算而得出的相关数据。

表 8-4　初级、中级、高级泰国留学生的双音节声调组合感知偏误率与
双音节声调组合习得产出偏误率

| 16 种组合 | 双音节声调组合感知偏误率/% | | | 双音节声调组合习得产出偏误率/% | | |
|:---:|:---:|:---:|:---:|:---:|:---:|:---:|
| | 初级 | 中级 | 高级 | 初级 | 中级 | 高级 |
| T11 | 15.1 | 0.0 | 0.0 | 20.6 | 5.0 | 1.6 |
| T12 | 30.0 | 8.0 | 4.0 | 26.1 | 14.0 | 1.8 |
| T13 | 42.9 | 30.1 | 8.6 | 50.6 | 43.0 | 3.7 |
| T14 | 29.4 | 2.0 | 4.0 | 28.9 | 5.0 | 3.1 |
| T21 | 24.0 | 1.5 | 6.0 | 46.1 | 14.0 | 1.6 |
| T22 | 26.2 | 2.3 | 9.8 | 41.7 | 20.0 | 3.8 |
| T23 | 32.7 | 12.0 | 11.7 | 63.3 | 37.0 | 5.7 |
| T24 | 22.0 | 10.0 | 2.0 | 38.3 | 6.0 | 4.1 |
| T31 | 40.2 | 8.2 | 2.0 | 45.0 | 29.0 | 2.9 |
| T32 | 36.0 | 22.0 | 13.9 | 59.4 | 21.0 | 18.1 |
| T33 | 43.3 | 8.2 | 4.0 | 63.9 | 50.0 | 12.8 |
| T34 | 35.0 | 4.0 | 2.0 | 32.8 | 4.0 | 10.4 |

| 16 种组合 | 双音节声调组合感知偏误率/% | | | 双音节声调组合习得产出偏误率/% | | |
|---|---|---|---|---|---|---|
| | 初级 | 中级 | 高级 | 初级 | 中级 | 高级 |
| T41 | 25.2 | 2.0 | 4.3 | 27.8 | 0.0 | 8.1 |
| T42 | 25.0 | 10.0 | 5.5 | 28.3 | 14.0 | 3.3 |
| T43 | 44.1 | 18.4 | 6.0 | 47.2 | 30.0 | 15.0 |
| T44 | 21.3 | 0.0 | 2.0 | 39.4 | 13.0 | 5.7 |

通过表 8-4 中的数据,可计算出初级泰国留学的双音节声调组合习得产出偏误率与双音节感知偏误率的相关性,结果显示,二者显著性 $p$ 值<0.001,相关系数为 0.764,二者中度相关,相关显著性水平高。研究结果表明,初级水平泰国留学生的双音节声调组合习得产出与双音节声调组合感知中度相关,产出偏误率越高的双音节声调组合,其感知偏误率也越高。换言之,双音节声调组合产出偏误率高的深层次原因是,相应的双音节声调组合感知难度大,相应组合的声调感知范畴尚未建立。对于初级阶段泰国留学生来说,双音节声调组合感知难度最大的是 T1+T3、T3+T3、T4+T3 三种组合。

通过表 8-4 中的数据,也可计算出中级泰国留学的双音节声调组合产出偏误率与双音节声调组合识别差值的相关性,显著性 $p$ 值为 0.012,相关系数为0.521,二者中度相关,相关显著性水平高。这表明,中级水平泰国留学生的双音节声调组合习得产出与双音节声调组合感知中度相关,产出偏误率越高的双音节声调组合,其识别差值也越高。换言之,中级组双音节声调组合产出偏误率高的深层次原因是,相应的双音节声调组合的感知难度大,相应组合的声调感知范畴尚未建立。

通过表 8-4 中的数据,还可计算出高级水平泰国留学生的双音节声调组合产出偏误率与双音节声调组合识别差值的相关性,显著性 $p$ 值为 0.156,相关系数为 0.372,二者不存在相关性。但 T2+T3 和 T3+T2 两种组合的双音节声调组合产出偏误率与双音节声调组合识别差值之间的高度相关性,在高级水平泰国留学生中的偏误率仍较高,其原因可能是,泰国留学生对 T2—T3 的感知是连续感知,而不是范畴感知,所以相应的感知范畴的建立较难。

从第五章和第七章所得实验数据,可以得到双音节词的感知和习得产出中单个声调的偏误率,见表 8-5。

表 8-5　初、中、高级水平泰国留学生的双音节词感知和产出的四声调偏误率

| 声调 | 感知偏误率/% | | | 习得产出偏误率/% | | |
|---|---|---|---|---|---|---|
| | 初级 | 中级 | 高级 | 初级 | 中级 | 高级 |
| 阴平 T1 | 27.3 | 6.8 | 3.5 | 23.8 | 9.1 | 0.8 |
| 阳平 T2 | 32.0 | 21.6 | 10.0 | 32.2 | 13.9 | 7.5 |
| 上声 T3 | 65.0 | 47.7 | 6.0 | 54.9 | 18.0 | 6.7 |
| 去声 T4 | 25.7 | 1.6 | 2.0 | 24.3 | 9.8 | 8.1 |
| 合计 | 150.0 | 77.7 | 21.5 | 135.2 | 50.8 | 23.1 |

表 8-5 显示,在初级、中级阶段,感知偏误率最大的都是上声,阳平次之,阴平和去声最小。初级和中级习得产出偏误率中上声也是最大的。结论与表 8-1 和表 8-2 从单音节感知和习得产出得到的数据分析结果一致。从表 8-5 中的初、中、高三个阶段纵向来看,四声感知偏误率合计初级 150.0>中级 77.7>高级 21.5,产出偏误率合计数值为初级 135.2>中级 50.8>高级 23.1,表明初级水平泰国留学生对汉语四声的感知难度远大于高级水平,相对应的初级水平的偏误率也大于高级水平的偏误率。这表明,感知难度与偏误率呈正相关,感知难度越大,偏误率越高,初级阶段的感知难度与偏误率的相关性最高。

初级和中级水平阶段四声之中,产出偏误率习得和感知偏误率习得的顺序基本一致,最大的都是上声,阳平次之,难度较小的是去声和阴平,习得产出偏误率排序为上声>阳平>去声>阴平。也就是说,对于初级和中级水平的泰国留学生,上声是最难的,阳平次之。泰国留学生对上声尚未有稳定的感知范畴,对上声的感知难度最大,相应的造成了习得产出的困难。高级水平阶段四声之中感知偏误率最大的是阳平,上声偏误不是最突出的,与阴平、去声偏误情况基本相同。习得产出中偏误率比较接近,上声偏误率并不是最大值。

图 8-3 是初、中、高级水平泰国留学生汉语四声产出偏误率和感知偏误率变化对比,从上到下四声的顺序一致,上声>阳平>阴平>去声,初、中、高三个阶段的趋势是不断下降,上声在初级到中级的阶段大幅度下降,在中级到高级的阶段降幅较小,说明在双音节声调感知中,感知偏误率与产出偏误率之间正相关。

以上从双音节声调感知得出的结论与从单音节声调感知得出的结论基本一致,识别差值(双音节声调中是感知偏误率)与产出偏误率之间高度相关,四

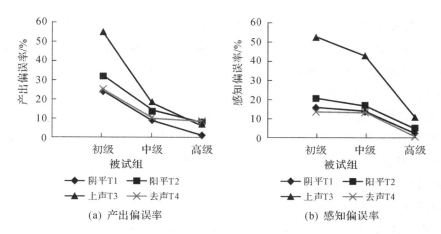

（a）产出偏误率　　　　　　　（b）感知偏误率

图 8-3　初、中、高水平泰国留学生汉语四声产出偏误率（a）和感知偏误率（b）变化对比

声从识别差值和偏误率两个方面的排序都是上声＞阳平＞去声＞阴平，该顺序与第三章中汉泰声调相似度计算得出的顺序一致，识别差值、产出偏误率、相似度三者之间存在相关性和一致性。这表明，与泰语声调相似的调类如阴平和去声，在泰语中存在近似的声调感知范畴，不需要建立新的感知范畴，只需要对原有的泰语声调感知范畴进行调整，感知难度较低，习得较为容易，偏误率也较低。而与泰语声调差异较大的模式调类如上声，泰语中不存在与之近似的调类，需要建立新的声调感知范畴，过程较为缓慢，识别感知难度较大，较难习得，偏误率也较高。

弗利奇提出的语音学习模型（Speech Learning Model，简称"SLP"）核心是同化和异化，认为学习者将与母语感知相近的相似音同化到母语中同类的音位范畴中，忽略细微差异，不构建新的语音范畴。对于与母语差异较大的新音，学习者为其建立新的语音范畴，保持区别性而将其异化，更易习得此类音。也就是说，近似的音被同化而难以习得，差异大的音被异化反而易于习得（Flege，1995）。

本书的研究结果与弗利奇的观点不同，我们认为泰国留学生对感知相似的声调掌握更快更易，对于陌生调类的掌握更慢更难，即使到了高级阶段仍然与汉语母语者有较大差异。

对于语音产出与感知二者的关系，弗利奇认为，在母语语音系统的过滤分类作用下，二语发音得以产出，新的范畴才能建立，因此语音的感知先于产出（Flege，1995）。但王韫佳（2002）认为，当发音被掌握，产出没有问题后，感知的偏误依然可能存在,有经验的学习者的语音产出和感知之间不存在相关性。

本书的研究表明,产生与感知之间高度相关,特别是在初级水平和中级水平阶段,其识别差值大、偏误率大的声调产出偏误率高,识别差值小、偏误率小的声调偏误率较低,本书的结论可以支持弗利奇的观点,在学习外语的初级阶段,先有二语的输入,然后被母语系统同化和过滤,因此语音的感知先于产出,产出的偏误来源于感知的偏误。高级水平的泰国留学生产出与感知之间相关性减弱,但感知难度大的声调如上声,虽然掌握了正确的发音方法,产出方面不存在问题,但感知依旧存在一定问题,与汉语母语者的感知模式差距较大。也就是说,产出没有问题后,感知的偏误可能依然存在。

本书认为,泰国留学生汉语声调习得的过程是:与泰语声调相似的调类如阴平和去声,在泰语中存在近似的声调感知范畴,不需要建立新的感知范畴,只需要对原有的泰语声调感知范畴进行调整,感知难度较低,习得较为容易,偏误率也较低,初级阶段后便可掌握,达到与汉语母语者接近的水平。而与泰语声调差异较大的陌生调类如上声,及其声调组合,泰语中不存在与之近似的调类,需要建立新的声调感知范畴,过程较为缓慢,识别感知难度较大,较难习得,偏误率也较高,即使到了高级阶段仍然存在一定的问题,与汉语母语者存在较大差异。

# 第三节　基于感知的汉语声调习得预测模型

初级水平泰国留学生的单音节声调和双音节声调感知与产出的数据均表明,泰国留学生的汉语声调感知与产出正相关,声调感知的难易度与产出偏误率正相关,感知难度大(差异大)的声调产出中偏误率高,感知中难度小的声调偏误率低。笔者通过声调感知实验可得到声调识别差值,可推测得到泰国留学生在汉语声调学习中产出的偏误。由此可建立一个针对初级学习者基于感知的汉语声调习得预测模型。

基于感知的汉语声调习得预测模型使用一元线性回归方程建立,分析习得中产出偏误率如何受到声调识别差值的影响。本书第八章的研究印证了弗利奇的观点,即语音的感知先于产出,初级阶段产出的偏误来源于感知的偏误。因此假设识别差值是自变量 $x$,产出是因变量 $y$,构建回归模型。

图 8-4 中是正态 Q-Q 图结果,散点基本呈线性趋势,分布在直线附近,表明识别差值和产出偏误率之间是线性关系。

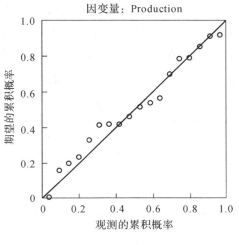

因变量:Production

图 8-4 正态 Q-Q 图

表 8-6 是回归模型汇总,模型 1 中相关系数 R 为 0.763,决定系数 R 方为 0.582,调整后的决定系数 R 方为 0.556,表明因变量产出偏误率与自变量识别差值之间存在线性相关关系,产出偏误率 55.6% 的变异可由识别差值来解释。

表 8-6 回归模型汇总

| 模型 | R | R 方 | 调整 R 方 | 标准估计的误差 | 更改统计量 | | | | |
|---|---|---|---|---|---|---|---|---|---|
| | | | | | R 方更改 | F 更改 | $df1$ | $df2$ | Sig. F 更改 |
| 1 | 0.763[a] | 0.582 | 0.556 | 5.44596 | 0.582 | 22.246 | 1 | 16 | 0.000 |

表 8-7 是回归模型方差分析结果,F 值为 22.246,显著性概率 $p$ 值为 0.000,表明拟合的模型是有统计学意义的。

表 8-7 回归模型方差分析结果

| 模型 | | 平方和 | $df$ | 均方 | F | Sig. |
|---|---|---|---|---|---|---|
| 1 | 回归 | 659.787 | 1 | 659.787 | 22.246 | 0.000[a] |
| | 残差 | 474.536 | 16 | 29.659 | | |
| | 总计 | 1134.324 | 17 | | | |

表 8-8 是回归系数结果,常量为-6.415,自变量识别差值为 1.076,由此可知回归方程为:

$$y(产出偏误率)=-6.415+1.076x(识别差值)$$

在标准化系数中,预测因子贡献性的指标,识别差值的贡献性为 0.763。$t$ 检验表明,自变量回归系数 $t$ 值为 4.717,显著性水平相伴概率为 0.000,$p<$ 0.01,说明两个变量之间的线性相关关系显著,识别差值是一个显著的预测源。

表 8-8　回归系数表

| 模型 | | 非标准化系数 | | 标准系数 | $t$ | Sig. |
| --- | --- | --- | --- | --- | --- | --- |
| | | B | 标准误差 | 试用版 | | |
| 1 | (常量) | -6.415 | 3.097 | | -2.071 | -0.055 |
| | perception | 1.076 | 0.228 | 0.763 | 4.717 | 0.000 |

残差统计结果显示,残差的最小值为-14.216,最大值为 7.731,均值为 0.000,表明该回归模型的拟合效果较好。

作为一个预测模型,该回归方程表明了初级泰国留学生在习得汉语的声调方面感知与产出具有线性关系。该预测模型系数为 1.076,表示感知的变化可以带来产出近乎等距的变化。

该预测模型可以指导我们预测泰国留学生在学习之初汉语声调产出的难点。这需要在泰国留学生刚开始学习汉语时进行一个声调感知实验,方可预测出他们将在汉语声调学习中可能产生的难易点,为声调教学提供参考,如图 8-5 所示。

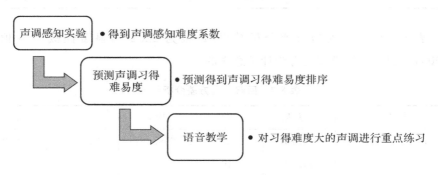

图 8-5　声调习得偏误率预测过程和方法

该预测模型还需要使用更多国家留学生汉语声调产出和感知数据来验证,

特别是非声调语言母语者的对比分析,进而不断得到完善。

# 第四节　教学建议

基于本章的相关性分析可以得出,初级阶段泰国留学生的声调感知和产出具有较高的一致性,而声调的专门教学往往安排在汉语学习开始的第一个月,因此我们有必要加强对于初级阶段的泰国留学生的声调教学工作。从本书的相关结论出发,提出以下教学参考:

首先,对于泰国留学生而言,声调的习得顺序是阴平、去声、阳平、上声。上声是感知和发音的难点。泰国学习者在初级阶段没有建立起上声范畴,所以在教学过程中,应该对上声加以特别关注。这要求我们首先要明确上声的区别特征有哪些,要注意声学参数和感知的区别特征的差异。声学参数表现的特征不一定能够被感知到,而感知所依赖的重要线索到底是高低的区别还是升幅的差异,这一点必须明确。在与阳平的对立区分中,要强调上声拐点位置的前后差异和高低差异,突出阳平的“高”和上声的“低”。另外对于上声的教学,不能像其他声调一样,强调与泰语母语的相似性,特别是强调与泰语第二调低降的相似性。这会误导学生对于单字调的处理也是将其发成低降。到了高级阶段,随着单字调出现率的减少,语流中上声低降调出现率增加,学生更加固化了对上声低降的认知,导致他们在感知全调形的上升时仍然不能和阳平区分,不能真正地建立与汉语母语者相同的范畴感知。

其次,泰国留学生对平调范畴感知变化敏感,因此阴平调不是学习的难点。但是泰国留学生对于音高线索感知不敏感,因此,初级阶段的泰国留学生对于阴平调的产出存在调域偏误。这就需要教师在调域方面进行指导。比如我们在声调教学当中除了可以用打手势的方式指导学生注意调形变化,也可以采取可视空间模拟方式来帮助学生建立汉语声调空间。我们可以将教室的天花板作为声调空间的顶层,声调的最高阶,地板作为声调的最低阶,书桌作为音高中阶,将声调的五度空间形象化。这有助于泰国留学生注意到汉语阴平调和母语中平调的区别。同时有助于建立阳平和上升的范畴去对立地辨别。教师可以引导学生注意阳平起点高于上声,而上声的拐点在声调空间的最低阶区域,阳平与上声的空间分布位置是不同的。因此,不仅要注意拐点的前后位置,还要注意拐点的高低。泰国留学生在最开始学习声调的过程中,接触的是单音节声调,应该以全调型曲折调作为标准。

另外,对于泰国留学生的阳平和去声习得来说,感知方面问题不大,但是产出方面与汉语母语者的差异仍然存在。教学中应该尽量引导学生产出直升和直降的调型,避免产生与泰语母语相似的先降后升和弯降的曲折调型。这样可以避免泰国留学生的"洋腔洋调",也就是泰语腔发嗲的音色,也可以更好地将阳平和上声调型区分开来。

最后,加强声调感知训练。上文提到使用预测模型对泰国留学生进行基于感知的汉语声调产出情况预测,根据预测结果,我们可以获知泰国留学生的声调习得重点和难点,从而有针对性地进行训练。预测模型告诉我们对于初级阶段的留学生而言,加强感知能力的训练可以很有效地促进发音。因此我们在教学中可以改变专注于纠音练音的单一模式,多增加一些感知训练。近年来,不少学者都提出了感知训练对于提高声调教学效果的重要作用。研究发现,通过感知训练(比如两周或 3 个月)可以使二语学习者区分不同的声调,克服声调对立带来的感知困难,在一定程度上改善了发音。感知训练可以有多种形式,目前运用最为广泛、效果最为明显的一种主要的知觉训练方法是高变异语音训练法。这种训练方法最早是由 Logan、Lively 和 Pisoni(1991)提出来的,这种训练方法强调构成训练材料的实验刺激的高度变异性(high variability),包括不同语音环境、不同发音人的声音等。当学习者接受了多发音人的训练材料,他们就会将大量的样例存储在记忆中,这些样例有助于他们识别不同的声调变体,并形成抽象的稳定的范畴原型,也可以从感知线索方面引导学生建立和母语者一样的感知能力,提高对关键性线索的敏感度等,从而很好地掌握声调的习得。

# 第五节　小　结

本章综合分析了初、中、高三个阶段泰国留学生习得产出和感知汉语单音节声调和双音节声调的数据,把不同水平阶段的习得产出偏误率和顺序,与汉语声调识别差值及偏误率相结合,分析产出与感知的关系,分析了泰国留学生汉语声调的习得过程,并提出了基于感知的汉语声调习得预测模型。

泰国留学生单音节和双音节声调产出与感知之间存在相关性,特别是初级和高级水平阶段的泰国留学生声调产出与感知之间高度相关,陌生的声调感知难度大,相应习得(产出)偏误率高,相似的声调感知难度较小,相应偏误率较低。泰国留学生习得汉语声调以对汉语四声感知难度为基础,感知难度大的声调较难习得,感知难度小的易于习得,上声最难习得,阳平次之,阴平和去声最易习得。

本书的研究结果与弗利奇的观点不同,我们认为泰国留学生对感知相似的声调更快更易掌握,对于陌生调类的掌握更慢更难,即使到了高级阶段仍然与汉语母语者有较大差异。

本书的研究表明产出与感知具有相关性,特别是初级水平和中级水平阶段的单音节感知和产出相关性高,感知难度大的声调产出偏误率高,感知难度小的声调偏误率较低。这印证了弗利奇的观点,语音的感知先于产出,产出的偏误来源于感知的偏误。高级水平的泰国留学生产生与感知之间相关性减弱,但感知难度大的声调如上声,虽然泰国留学生掌握了正确的发音方法,产出方面不存在问题,但感知依旧存在一定问题,与汉语母语者的感知模式差距较大,也就是说,产出没有问题后,感知的偏误可能依然存在。这说明,感知和产出的相关性会随着汉语水平的提高和语境的复杂化而减弱。

本章还基于泰国留学生的感知和产出的高相关性,建立了一个基于感知的汉语声调习得预测模型,为声调教学提供参考。

# 第九章 结 论

本书的研究内容有以下四个方面:汉泰声调相似度研究;初、中、高三个阶段泰国留学生的单音节和双音节声调产出特征研究;声调感知研究;感知与产出关系研究。实验包括声调产出研究和声调感知研究两个部分。

## 第一节 汉泰声调相似度研究

本书通过对 20 位初级水平泰国留学生进行汉泰语声调相似度感知实验,计算出了汉泰声调感知角度的对应关系及相似度:T1—TT1(100%)、T4—TT3(81.1%)、T2—TT5(72.8%)、T3—TT5(62%)/TT2(38%)。男生和女生在汉泰声调相似度感知范畴上不存在显著差异。汉语的阴平与泰语中平调第一调的相似度最高,上声的相似度值最低,被泰国留学生感知为升调第五调(14)或降调第二调(21),并且感知为前者的概率更大。这就解释了为什么泰国留学生容易将阳平和上声混淆。同时,根据贝斯特的感知同化模型 PAM,本书建立了泰国留学生汉语声调同化模型。除了 T2—T3 对立组是 SC 或 CG 型,区分难度大,其他对立组都是 TC 型,较容易区分。

本书从感知的角度得出的相似度结论与前人不一致。实验样本以及测量方法的不同,导致了研究结果存在差异。本书的实验结论可以很好地解释初级阶段泰国留学生阳上混淆的深层问题,即泰国留学生对于阳平和上声的感知同化模式异于其他声调对立组。

另外,从感知相似度结果分析,泰国留学生对于声调的感知线索为调型而不是音高高度,但是对于上声的调型感知区别特征不够明确。

## 第二节　不同阶段泰国留学生汉语声调产出特征

### 一、单音节声调

本书对泰国留学生单音节声调产出特征分析的结果,与前人较为一致。整体看,四种声调的偏误率情况如下:三种水平的留学生四种调类偏误率分布基本一致,最高偏误率都集中于上声。偏误率排序分别为:初级(T3>T2>T4>T1)、中级(T3>T4>T2>T1)、高级(T3>T2>T4>T1),其中上声的主要偏误类型是被发成升调,与阳平混淆。

四种声调发音偏误主要表现为:阴平的调型掌握容易,但是受泰语母语中平调33影响,调值偏低;阳平在调型上呈现凹形,调域偏窄,极易和上声曲折调混淆;泰国留学生对上声单字的产出与汉语母语者差距最大,对于单字调来说,不能将上声发得很饱满到位,降到最低和升到最高。在初级阶段,泰国留学生的上声和阳平混淆,或者将上声发成低降段,没有升段,或者是有降有升有拐点,但是末点调值低,达不到213或者214。到了中级和高级阶段,上声的产出逐渐改善并稳定,与阳平区分明显,但是很多学习者在发音时都表现为低降,也就是后段升势消失。去声调从调型上看,即使初级水平泰国留学生都已经轻松掌握。但是与汉语母语者相比,在调型上仍有差异,表现在下降曲线有弯头,弯曲程度比汉语母语者大。从调值上看,单字调去声降幅偏小,达不到51,但总体来看去声和阴平偏误最小。

### 二、双音节声调

从16种调型来看,初级、中级和高级阶段偏误率差异显著。初级水平中有较高偏误率(大于50%)的声调组合有T13、T23、T33、T32,较低偏误率(小于30%)的是声调组合T11、T12、T14、T41、T42。初级组男女差异显著,男生偏误率高于女生。中高级组性别差异不显著。泰国留学生的双音节声调偏误率具有共性,主要集中于阳平和上声,特别是前字阳平和后字上声。可以看出,泰国留学生双音节声调偏误率与单字调的习得顺序一致。从四个声调的总体偏误(前后合计)情况来看,初级和中级的偏误顺序一致:上声>阳平>阴平>去声,与单字调的习得一致。随着汉语水平的提高,泰国留学生上声的偏误大幅降低,到了高级阶段,其双音节声调的上声产出比较稳定,与其他三个声调无显著差异。在单字调中容易出现的偏误,在双音节声调中也会出现。初级水平泰国留学生四种声调的后字偏误显著大于前字;中级水平泰国留学生四种声调的偏误分布情况前后趋近;高级水平泰国留学生四种声调的偏误分布情况与初级水平差异巨大,四种声调的偏误都很低,不存在前后位的偏误差异显著性。从调域和时长来看,各个水平的泰国留学生,无论男生还是女生都表现出双音节词的起伏度不大,调域比较窄的情况。

　　单音节的声调偏误与双音节的声调偏误有一定关系,但在双音节中具有新的特征。阴平调在单音节中的偏误特征在双音节中有同样的体现,比如初级水平泰国留学生的调型不稳定,易将其发成低降调。而且前字调和后字调调值均值也偏低,后字调值甚至更低。但是在双音节中有前字和后字的音高凸显作用,阴平和低起点调 T2 和 T3 组合,更利于提高其调值,改善音高偏误,因此到了高级阶段,调值偏误和调型稳定性都与汉语母语者相近。初级和中级阶段T2 和 T3 在单字调中的偏误最高,在双音节中也是如此,体现的偏误特征一致,即将 T2 发成曲折调与 T3 混淆,这种混淆在后字阳平中体现最为显著。双音节中的前 T3 偏误主要体现在后接 T3 时的变调。只有到了高级阶段的泰国留学生才能熟练掌握该变调规律。而对于前字 T3 后接非 T3 时,泰国留学生的前字 T3 以低降调型为产出的主要模式,和单字的 T3 偏误一致。对于汉语母语者而言,单字调为 214 的曲折调,双音节前 T3 为 21,因此虽然是同样的偏误类型,但是泰国留学生在双音节声调中前字 T3 的偏误并不如单字调突出,听感上没有明显的调类偏误。因此初级和中级水平泰国留学生的双音节声调 T3 偏误主要体现在后字 T3,以低降调或升调代替曲折调。到高级阶段,这种偏误仍然突出。去声的单字调调型弯头偏误也迁移到双音节声调中,这是泰语腔重要特征的体现,即使到了高级阶段也不能得到改善。但是从调域来看,单字调的去声调域窄,而在双音节声调中,受重音和音高凸显的影响,后字去声调域会变广,达到 51。总之,双音节声调的前字和后字语境对单字调的四种声调习得具有不同的阻碍和促进作用,对其产生的影响不同。

## 第三节　不同阶段泰国留学生汉语声调感知特征

### 一、单音节声调感知

泰国留学生 6 对声调的感知模式除 T2—T3 对立组之外都属于范畴感知和准范畴感知，T1、T2、T4 三个声调建立了范畴，只有 T2—T3 对立组三个阶段都是连续感知，这是二者产生混淆的根本原因。不同水平的泰国留学生对汉语单音节声调的感知能力是有差异的，随着学习阶段的提高，他们的感知能力也会增强，但是和汉语母语者的范畴感知程度还有一定的差距。从范畴边界宽度来看范畴化程度，汉语母语者的六组范畴边界宽度均值在 1.060，标准差只有 0.400，与泰国留学生比较都是最小的。可以认为，汉语母语者对四个声调的范畴感知在识别方面差异很小，具有比较稳定的识别能力。而对于泰国留学生而言，初级水平的留学生整体表现最差，从均值和标准差来说都比较低，中级和高级相差比较小，但与汉语母语者仍有差异，差异比较大的组是，T2—T3、T1—T3 组。初、中、高三组的识别边界排序基本相同，说明不同阶段的识别范畴变化很小。从四种声调的范畴边界来看，T1 在各个组合中范畴边界最稳定，T3 的范畴在各对立组中范畴空间变化最大，在与 T1 的组合中，边界范畴空间最大，在与 T2 的组合中，范畴最小。

从区分率来看，初、中、高三个阶段每对组合的区分率均值变化都很小，泰国留学生的各对组合的区分率与汉语母语者相差比较大，平均低出 12%。6 对组合中，T2—T4 的区分率最高，原因是升调和降调对比鲜明，区别特征显著。区分率最低的是 T2—T3 组合。纵向比较来看，不同阶段留学生的区分能力有水平效应，初级阶段与中高级阶段差距较大，而到中级和高级阶段，变化较小。

从初、中、高不同阶段的纵向比较来看，三个相似对立组 T1—T2、T2—T4、T1—T4 在初级阶段存在一定难度，但难度消减得很快，到中级和高级阶段已经与汉语母语者接近。而另外三个陌生的对立对 T3—T4、T1—T3、T2—T3，在初级和中级阶段的难度都比较大，到了高级阶段后变化很小。这表明，陌生对立组和相似对立组之间的差异比较显著，陌生对立组感知变化非常缓慢，而相似对立组掌握得比较快。

感知难度从小到大的排序是阴平 T1＜去声 T4＜阳平 T2＜上声 T3,感知难易顺序与第三章汉泰声调相似度顺序一致,相似的声调感知难度小,陌生差异大的声调感知难度大。泰国留学生汉语声调感知范畴的建立过程与弗利奇的语音学习模型 SLM 观点相反,泰国留学生对相似的声调对立对可在泰语中找到近似的对立对,对相似的声调对立对掌握得更快;而对陌生差异大的声调对立对,在泰语中找不到对应的对立对感知范畴,新的感知范畴的建立更难更慢,也更难掌握,即使到了高级阶段,陌生对立对的声调感知模式仍然与汉语母语者有较大差异。

不同水平的泰国留学生对于声调感知的线索是调型而非调高,但是对调型的区别特征掌握得并不到位。泰国留学生对平调、升调、降调有很好的感知能力,但是不能掌握曲折调的区别特征。初、中、高三种水平对于阳平和上声对立组的辨认和区分有水平差异。中高级组明显好于初级组,说明三组对于上声的感知线索有细微差异,初级组只关注到调尾的升幅,而高级组能关注到更重要的区别特征,比如低降段、低拐点等。说明学习经验对于感知线索的建立有重要的推动作用。

泰国留学生汉语声调感知范畴的建立主要发生在初级到中级这个阶段,到了高级阶段之后,声调感知范畴仍然与汉语母语者有较大差异,而这种差异,有可能是导致高级水平的泰国留学生发音时仍然有"洋腔洋调"的深层次原因。

**二、双音节声调感知**

在初、中、高三个阶段 16 种双音节声调组合感知难度变化中,感知难度的趋势是下降的,其中初级阶段到中级阶段的降幅最大,中级阶段到高级阶段大多数降幅较小,说明泰国留学生汉语声调感知范畴的调整和建立主要在初级到中级的阶段。初级阶段中感知难度最大的是 T4—T3、T3—T3、T1—T3、T2—T3 这 4 种组合,4 种组合共同的特点是含有上声,而且后音节都是上声,从初级到中级阶段,这 4 种组合感知难度降幅最大,中级到高级阶段降幅也最大。说明上声组合在初级阶段难度最大,声调感知范畴的建立也最难,持续的时间也最长。

## 第四节　泰国留学生汉语声调产出与感知关系

　　本书的研究表明,声调产出与感知之间具有一定相关性,特别是初级水平和中级水平阶段,感知难度大的声调产出偏误高,感知难度小的声调偏误较低,这印证了弗利奇的观点,语音的感知先于产出,产出的偏误来源于感知的偏误。双音节声调的感知和产出相关性比单音节声调要弱,特别是高级水平的泰国留学生产出与感知之间相关性更低。感知难度大的声调如上声,虽然泰国留学生掌握了正确的发音方法,在产出方面不存在问题,但感知依旧存在一定问题,与汉语母语者的感知模式差距较大。

　　本书认为泰国留学生汉语声调习得的过程是:与泰语声调相似的调类如阴平和去声,在泰语中存在近似的声调感知范畴,泰国留学生不需要建立新的感知范畴,只需要对原有的泰语声调感知范畴进行调整,感知难度较低,习得较为容易,偏误率也较低,初级阶段后便可掌握,达到与汉语母语者接近的水平。而对于与泰语声调差异较大的模式调类如上声及其声调组合,泰语中不存在与之近似的调类,需要建立新的声调感知范畴,过程较为缓慢,识别感知难度较大,较难习得,偏误率也较高,即使到了高级阶段仍然存在一定的问题,与汉语母语者存在较大差异。

　　基于初级阶段泰国留学生感知与产出的高度相关,以及感知影响产出的结论,可建立一个基于感知的汉语声调习得预测模型,在泰国留学生刚开始学习汉语时进行一个声调感知实验,即可预测出泰国留学生将在汉语声调学习中可能产生的难易点,为声调教学提供参考。

## 第五节　泰国留学生汉语声调习得影响因素

### 一、泰语母语影响

　　泰语和汉语有近似的声调系统,从声调类型来说,同属于曲拱调,声调数目都比较少。基于这些共性,与非声调母语背景的习得者比较,泰国留学生在习得汉语声调时必然受到泰语母语声调范畴的制约，对于新范畴的建立要受到感知同化作用的影响。

首先，本书对两种声调的对应关系和相似度进行了测量，发现平调对应的最好，其次是升调和降调。这说明有声调背景的泰国留学生对于这三种调型有很好的感知能力，原因是泰语声调系统中仅出现了这三种调型。而汉语里的曲折调（降升调），属于泰语里不存在的新范畴，是泰国留学生的习得难点。

其次，从产出来看，泰语母语声调对于泰国留学生的汉语声调习得具有显著的迁移作用。特别是对于初级水平泰国留学生而言，汉语的四个声调除了上声之外的三个平、升、降调都能在泰语母语中找到近似调，从而造成调型正确但是调值偏误较大的产出结果。也就是说，这种母语同化作用既表现为对阴平调和去声调的较快习得，也表现为对较难感知的调值差异的忽略。学习经验的积累会逐渐摆脱泰语母语声调范畴的同化作用，建立与汉语母语者相近的新范畴，比如上声的习得。高级阶段的泰国留学生的声调产出已经和汉语母语者近似。但即使是学习了 3—4 年的高级水平学习者，也会存在一定的泰语腔调。例如在双音节词阴平和去声的组合中，泰语腔表现最为明显：前字调阴平调值偏低，而后字去声加重音，音节被拉长，去声的调型弯头明显。可见，虽然阴平和去声是最容易习得的，但是泰国留学生从开始没有注意到二者与泰语母语平调和降调差异点，就将其划入泰语母语的相似范畴，并未对二者建立新的范畴，因此产出虽然不影响意义的辨识，但还是和汉语母语者的发音有差异。

最后，从感知来看，本书建立了泰国留学生对于四种声调六种对立范畴与泰语范畴的同化模型。从声调范畴及声调之间对立关系的角度可以看出，除了阳上对立组之外，其他对立组都可以很好地被区分，原因是泰国留学生可以将它们同化到泰语的两个对立范畴中。虽然上声是陌生音素，但是在不同的对立组中，泰国留学生对上声的感知也不尽相同，只有在阳上中才容易混淆，采用了 SC 同化，可以区分阴平和去声的对立，其根本原因是上声被感知同化为 TT5，而不是经验中的 TT2。同时，从结论中可以发现，母语经验对于泰国留学生的声调感知的影响是通过感知线索起作用的。前人研究已经发现，母语经验影响人们对于特定声学线索的敏感性。比如对于英语母语者来说，母语经验使他们对于汉语声调的基频高度比较敏感，也就是非声调背景的学习者会将声调作为一种韵律单位进行加工。而泰国留学生的感知模式显然受到调型也就是基频走势的影响最大。但是由于泰语声调系统中只有平、升、降三种调型的对立，因此在对汉语声调上声曲折调的感知中出现偏差,关注焦点仅是升段或者降段,造成阳上混淆或者发音低降的偏误。

综上所述,从声调对立的角度来看,泰国学习者以泰语母语声调空间范畴为基础来学习汉语声调。与语音感知模型 SLM 相反,相似声调习得容易,陌生声调习得较难。或者说,母语作用只能促进相似声调的习得,而对陌生音位会造成干扰。

### 二、学习经验的影响

本实验中的被试学习汉语时间跨度较大,初级水平泰国留学生有的只是学了一个月,而高级组学了两年以上。初级阶段在元音辅音等音段上尚有很多空白,对于依附于音节上的声调更是难以把握。这在很大程度上影响到了声调的感知和产出,特别是在双音节声调实验中,出现了升调和降调的混淆偏误。本书的研究结果是,不同水平的泰国留学生无论是产出和感知,差异都很大,特别是初级组表现出特异性。随着学习经验的积累,泰国留学生在感知和产出声调两个方面都有显著提升,特别是在双音节声调产出中,高级水平的泰国留学生偏误率很低。

在产出方面,大量的输入可以使习得者对音节和词汇掌握得更好。在声韵调习得三个方面获得同步提升。这样就减少了声母或韵母偏误所造成的声调偏误。在产出分析中发现,初级水平泰国留学生发音结果与泰语母语相似调型更接近,而高级水平的泰国留学生的发音结果与汉语母语者更加接近,中级阶段则处于中间渐进的过程。这就说明学习经验的增加,可以使习得者逐渐脱离母语迁移的影响,逐渐建立向目的语靠近的近似系统。另外,在上声的习得上,本书也指明,到了高级阶段泰国留学生才掌握了上声的特殊发声方式,而在初级阶段难以发出标准的上声。这就证明学习经验对于声调产出的影响重大,因为这是需要经过大量的练习才能掌握的发音技巧。

在感知方面,初级阶段的留学生由于尚未建立新的范畴,总是会倾向于将汉语的声调范畴同化到泰语母语中去,从而造成了阳上混淆的问题。而到了高级阶段虽然在听觉感知上尚不能和汉语母语者比较,但是其感知区分能力显著不同于初级阶段的留学生。根据前人的研究可以发现,在学习过程中,输入和输出是紧密相关的,高级水平泰国留学生的声调感知和产出是相互作用的结果。感知能促进发音产出,发音产出也能促进感知。当然,如果在这个过程中未及时纠正偏误的话,二者也能互相影响,产生反向作用,从而固化某种感知或者形成发音的僵化。比如高级水平泰国留学生虽然已经比较能区分上声和阳平的范畴,但是在发音中会将其处理成与其相似的泰语第二调,如在单音节发音中将上声加工为低降,就是一种偏差。本书认为其原因是固化了对上声低降的认知,造成上声的范畴建立不清晰、不准确,所以在范畴感知实验中,高级水平泰国留学生与初、中级一样都是连续感知,与汉语母语者有差异。

从本书的研究结果来看,母语经验并不能促进新范畴的形成,而目的语的学习经验可能是帮助学习者建立和发展汉语声调的关键。学习经验对于学习者的声调范畴感知的发展有明显的促进作用,但是对近似声调促进较快,对陌生声调的促进作用缓慢。在这一动态过程中,母语声调系统的正迁移作用被淡化,即使是相似的声调,学习者能也能重新建立新的范畴,比如阴平调。

# 第六节　研究前景

由于条件和时间所限,本书的研究课题还需在以后进一步探索。

一是实验设计有待完善。首先,被试的选择和分组条件需要权衡。本书的被试按照学习汉语的时间作为划分初、中、高三组的标准有待进一步改进。因为个体差异,学习的效果和学习时间并非成正比,特别是性别因素也是影响语言学习效果的重要因素。因此可以考虑先对所有被试进行统一测评,按照测评成绩进行分组,可能更为科学。其次,对于相似度感知实验要进一步探索更加科学合理的评价标准。最后,本书对单音节声调的感知采用了范畴感知的识别和区分两种实验来研究,对于双音节声调的感知实验则倾向于用自然调来进行单纯的听辨及偏误分析。但未来要进一步探讨双音节声调感知如何设计识别和区分合成调两种类似的实验程序,从而更深入地研究双音节声调感知规律,以及单音节声调感知和双音节声调感知的关系。

二是本书只针对泰国留学生的声调习得做了不同阶段的动态发展的研究,如果未来能扩展到更多的国家的留学生则能发现更多的规律,特别是加入非声调语言母语背景的学习者作为参照,更加能丰富语音感知和习得理论。同时采用跟踪数据,针对同一批留学生,从零起点开始一直跟踪到高级阶段,按照一定的时间间隔进行习得和感知的实验,完成记录、分析整个汉语声调习得和感知的变化过程。

　　三是本书提出的泰国留学生声调习得预测模型有待在未来教学实践中加以应用和验证。

# 参考文献

阿丽达.泰国学生汉语单字调习得过程的实验分析[D].天津:天津师范大学,2010.

蔡整莹,曹文.泰国学生汉语语音偏误分析[J].世界汉语教学,2002(2):86-92.

曹文.赵元任先生对汉语语调研究的贡献[J].世界汉语教学,2007(4):75-85.

曹文.声调感知对比研究——关于平调的报告[J].世界汉语教学,2010(2):255-262.

陈晨,李秋杨.汉泰语音对比研究与语音偏误标记分析[J].暨南大学华文学院学报,2007(4):22-30.

陈珺,孙莎琪.韩国学生双音节词语声调听辨能力测试研究[J].长江学术,2012(2):114-121.

陈默,王建勤.汉语作为第二语言的汉语双字组声调发展研究[J].云南师范大学学报,2010(4):24-32.

陈为兵.泰国学生汉语语音声调实验分析[J].语文学刊,2012(6):35-36.

陈钰,武青春.越南留学生的汉语声调学习难点探究[J].绍兴文理学院学报,2008(12):7-10.

高云峰.声调感知研究[D].上海:上海师范大学,2004.

龚群虎.汉语泰语关系词的时间层次研究[D].上海:上海师范大学,2001.

郭锦桴.汉藏语声调的特色[J].汉字文化,2012(4):7-16.

何婉.高级汉语水平韩国留学生声调声学实验与分析[J].对外汉语教学论丛,2016(1):46-50.

吉娜,简启贤.泰国学生初学汉语的偏误分析[J].云南师范大学学报(对外汉语教学与研究版),2004(3):46-49.

孔江平.藏语(拉萨话)声调感知研究[J].民族语文,1995(3):56-64.

李红印.泰国学生汉语学习的语音偏误[J].世界汉语教学,1995(2):66-71.

李倩,曹文.日本学生汉语单字调的阳平与上声[C].黄山:第九届全国人机语言通讯学术会议论文集,2007.

李晟熏.韩国普通话学习者阳平和上声习得的语音研究[D].北京:中国社会科学院研究生院,2010.

林焘.语音研究和对外汉语教学[J].世界汉语教学,1996(3):18-21.

刘艺.日韩学生的汉语声调分析[J].世界汉语教学,1998(1):94-99.

罗思娜.汉语和泰语声调相似度研究[J].云南师范大学学报(对外汉语教学与研究版),2013(1):80-84.

荣蓉.普通话阳平和上声的听感分界研究[J].南开语言学刊,2012(2):85-95.

沈炯.普通话与北京语音[J].语文建设,1998(9):36-39.

石锋.论五度值记调法[J].天津师范大学学报(社会科学版),1990(3):67-72.

石锋,冉启斌.普通话上声的本质是低平调——对《汉语平调的声调感知研究》的再分析[J].中国语文,2011(6):550-555.

王功平.西班牙语区留学生普通话双音节声调感知实验[J].华文教学与研究,2015(3):29-40.

王又民.匈牙利学生汉语双音词声调标注量化分析[J].世界汉语教学,1998(2):91-98.

王韫佳.也谈美国人学习汉语声调[J].语言教学与研究,1995(3):126-140.

王韫佳.日本学习者感知和产生普通话鼻音韵母的实验研究[J].世界汉语教学,2002(2):47-60.

王韫佳.韩语母语者对普通话阳平和上声的知觉[J].语言教学与研究,2011(1):17-25.

王韫佳,李美京.调型和调阶对阳平和上声知觉的作用[J].心理学报,2010(9):899-908.

王韫佳,覃夕航.普通话单字调阳平和上声的辨认及区分——兼论实验设计对声调范畴感知结果的影响[J].语言科学,2015(4):337-352.

吴门吉,胡明光.越南学生汉语声调偏误溯因[J].世界汉语教学,2004(2):81-87.

吴宗济.实验语音学与语言学[J].语文研究,1981(1):11-16.

徐瑾.俄罗斯留学生汉语声调偏误研究[J].佳木斯大学社会科学学报,2006

(3):65-67.

徐丽华,胡伟杰,郑园园.坦桑尼亚初级汉语学习者双字调感知研究[J].汉语应用语言学研究,2017(1):116-125.

余瑾,王华.尼泊尔学生汉语声调偏误分析[J].云南师范大学学报(对外汉语教学与研究版),2005(3):19-23.

于谦.方言背景与普通话声调范畴感知研究[D].北京:北京大学,2017.

张家秀.语音知觉同化模型及其对英语语音教学的启示[J].重庆科技学院学报(社会科学版),2010(22):188-190.

张林军.母语经验对留学生汉语声调范畴化知觉的影响[J].华文教学与研究,2010(2):15-20.

张林军.美国留学生汉语声调的音位和声学信息加工[J].世界汉语教学,2011(2):268-275.

郑秋晨.汉语元音对声调感知边界的影响[J].心理学报,2014(9):1223-1231.

朱晓农.基频归一化——如何处理声调的随机差异?[J].语言科学,2004(2):3-19.

朱晓农,林晴,趴差桠.泰语声调的类型和顺时针链移[J].民族语文,2015(4):3-18.

Abramson, A. S. *The Vowels and Tones of Standard Thai*:*Acoustical Measurements and Experiments* [M]. Bloomington:Indiana University Research Center in Anthropology, Folklore, and Linguistics, 1962.

Abramson, A. S. Noncategorical perception of tone categories in Thai[J]. *The Journal of the Acoustical Society of America*, 1977, 61(S1):S66.

Azevedo, M. & Corder, S. P. Error analysis, interlanguage and second language acquisition [J]. *The Modern Language Journal*, 1983, 67(1):85.

Best,C. T. & Strange, W. Effects of phonological and phonetic factors on cross-language perception of approximants[J]. *Journal of Phonetics*, 1992, 20(3):305-330.

Chandrasekaran B., Gandour, J. T. & Krishnan, A. Neuroplasticity in the processing of pitch dimensions:A multidimensional scaling analysis of the mismatch negativity[J]. *Restorative Neurology and Neuroscience*, 2007,

25(3—4): 195-210.

Flege,J. E. Production and perception of vowel duration as a cue to the word-final English /t/—/d/ contrast by native and Chinese subjects[J]. *The Journal of the Acoustical Society of America*, 1991, 89(4B): 1917.

Flege, J. E. Production and perception of a novel second-language phonetic contrast[J]. *The Journal of the Acoustical Society of America*, 1993, 93(3): 1589-1608.

Flege,J. E. Second language speech learning: Theory, findings, and problems [M]//Strange, W. (ed.). *Speech Perception and Linguistic Experience: Issues in Cross-language Research*. Timonium: York Press, 1995: 233-277.

Flege, J. E. Training Japanese listeners to identify English /r/ and /l/: IV. Some effects of perceptual learning on speech production[J]. *The Journal of the Acoustical Society of America*, 1997,96(4):2076-2087.

Fry, D. B. , Abramson, A. S. , Eimas, P. D. , et al. The dentification and discrimination of synthetic vowels[J]. *Language and Speech*, 1962, 5 (4): 171-189.

Hallé,P. A. , Chang. Y-C. , Best, C. T. Identification and discrimination of Mandarin Chinese tones by Mandarin Chinese vs. French listeners[J]. *Journal of Phonetics*, 2004, 32(3): 395-421.

Hao, Y. C. Second language acquisition of Mandarin Chinese tones by tonal and non-tonal language speakers[J]. *Journal of Phonetics*, 2012, 40(2): 269-279.

Hao, Y. C. Second language perception of Mandarin vowels and tones[J]. *Language and Speech*, 2017, 61(1): 135-152.

Liberman, A. M. , Harris, K. S. , Hoffman, H. S. , et al. The discrimination of speech sounds within and across phoneme boundaries [J]. *Journal of Experimental Psychology*, 1957, 54(5): 358-368.

Lieberman, P. *Intonation, Perception and Language* [M]. Cambridge, Massachusetts: The MIT Press, 1967.

Lisker, L. , & Abramson, A. S. The voicing dimension: Some experiments in comparative phonetics [C]. Prague: Proceedings of the 6th International Congress of Phonetic Sciences, 1970.

Logan, J. S., Lively, S. E. & Pisoni, D. B. Training Japanese listeners to identify English /r/ and /l/: A first report[J]. *The Journal of the Acoustical Society of America*, 1991, 89(2): 874-886.

Major, R. C. & Faudree, M. C. Markedness universals and the acquisition of voicing contrasts by Korean speakers of English[J]. *Studies in Second Language Acquisition*, 1996, 18(1): 69-90.

Major, R. C. & Kim. E. The Similarity Differential Rate Hypothesis[J]. *Language Learning*, 1996, 46(3): 465-496

Miyawaki, K., Jenkins, J. J., Strange, W., et al. An effect of linguistic experience: The discrimination of [r] and [l] by native speakers of Japanese and English[J]. *Perception & Psychophysics*, 1975, 18(5): 331-340.

Nemser, W. Approximative systems of foreign language learners [J]. *International Review of Applied Linguistics in Language Teaching*, 1971, 9(2): 115-124.

Selinker, L. Interlanguage[J]. *International Review of Applied Linguistics in Language Teaching*. 1972, 10(3): 209-231.

So, C. K. The effect of L1 prosodic backgrounds of Cantonese and Japanese speakers on the perception of Mardarin tones after training[J]. *Journal of the Acoustical Society of America*. 2005, 117:2427-2437.

Stevens, K. N. & Keyser, S. J. Primary features and their enhancement in consonants[J]. *Language*, 1989, 65(1): 81-106.

Stevens, K. N., Libermann, A. M., Studdert-Kennedy, M., et al. Crosslanguage study of vowel perception[J]. *Language and Speech*, 1969, 12(1): 1-23.

Strange, W. Automatic selective perception (ASP) of first and second language speech: A working model [J]. *Journal of Phonetics*, 2011, 39(4): 456-466.

Studdert-Kennedy, M., Liberman, A. M., Harris, K. S., et al. Motor

theory of speech perception: A reply to Lane's critical review [J].
*Psychological Review*, 1970, 77(3): 234-249.

Wang, S. Y. Language change[J]. *Annals of the New York Academy of Sciences*, 1976, 280(1): 61-72.

Xu, Y. S., Gandour, J. T. & Francis, A. L. Effects of language experience and stimulus complexity on the categorical perception of pitch direction [J]. *The Journal of the Acoustical Society of America*, 2006, 120(2): 1063-1074.

Zue, V. W. Some perceptual experiments on the Mandarin tones[J]. *The Journal of the Acoustical Society of America*, 1976, 60(S1): S45.

# 附　录

## 汉语朗读文本

### 单音节

T1：巴<sup>bā</sup>、安<sup>ān</sup>、操<sup>cāo</sup>、飘<sup>piāo</sup>、哭<sup>kū</sup>、多<sup>duō</sup>、伸<sup>shēn</sup>、光<sup>guāng</sup>、家<sup>jiā</sup>、风<sup>fēng</sup>、压<sup>yā</sup>、歪<sup>wāi</sup>、心<sup>xīn</sup>、中<sup>zhōng</sup>、音<sup>yīn</sup>、生<sup>shēng</sup>、科<sup>kē</sup>、工<sup>gōng</sup>、出<sup>chū</sup>、冰<sup>bīng</sup>

T2：拔<sup>bá</sup>、曹<sup>cáo</sup>、来<sup>lái</sup>、层<sup>céng</sup>、肥<sup>féi</sup>、民<sup>mín</sup>、阳<sup>yáng</sup>、明<sup>míng</sup>、穷<sup>qióng</sup>、德<sup>dé</sup>、局<sup>jú</sup>、良<sup>liáng</sup>、模<sup>mó</sup>、鞋<sup>xié</sup>、言<sup>yán</sup>、学<sup>xué</sup>、提<sup>tí</sup>、前<sup>qián</sup>、齐<sup>qí</sup>、国<sup>guó</sup>

T3：把<sup>bǎ</sup>、本<sup>běn</sup>、表<sup>biǎo</sup>、草<sup>cǎo</sup>、等<sup>děng</sup>、点<sup>diǎn</sup>、馆<sup>guǎn</sup>、苦<sup>kǔ</sup>、耳<sup>ěr</sup>、广<sup>guǎng</sup>、请<sup>qǐng</sup>、软<sup>ruǎn</sup>、手<sup>shǒu</sup>、雨<sup>yǔ</sup>、有<sup>yǒu</sup>、响<sup>xiǎng</sup>、网<sup>wǎng</sup>、悔<sup>huǐ</sup>、改<sup>gǎi</sup>、产<sup>chǎn</sup>

T4：爸<sup>bà</sup>、菜<sup>cài</sup>、恨<sup>hèn</sup>、后<sup>hòu</sup>、换<sup>huàn</sup>、立<sup>lì</sup>、会<sup>huì</sup>、货<sup>huò</sup>、段<sup>duàn</sup>、放<sup>fàng</sup>、负<sup>fù</sup>、干<sup>gàn</sup>、个<sup>gè</sup>、共<sup>gòng</sup>、日<sup>rì</sup>、帽<sup>mào</sup>、量<sup>liàng</sup>、冻<sup>dòng</sup>、病<sup>bìng</sup>、变<sup>biàn</sup>

### 双音节

T1-T1：参加<sup>cān jiā</sup>、播音<sup>bō yīn</sup>、东风<sup>dōng fēng</sup>、交通<sup>jiāo tōng</sup>、周刊<sup>zhōu kān</sup>、参军<sup>cān jūn</sup>、丰收<sup>fēng shōu</sup>、非洲<sup>fēi zhōu</sup>、西安<sup>xī ān</sup>、安息<sup>ān xī</sup>

T1-T2：资源<sup>zī yuán</sup>、坚决<sup>jiān jué</sup>、鲜明<sup>xiān míng</sup>、工人<sup>gōng rén</sup>、飘扬<sup>piāo yáng</sup>、新闻<sup>xīn wén</sup>、欢迎<sup>huān yíng</sup>、江南<sup>jiāng nán</sup>、科学<sup>kē xué</sup>、心齐<sup>xīn qí</sup>

T1—T3：<ruby>批准<rt>pī zhǔn</rt></ruby>、<ruby>发展<rt>fā zhǎn</rt></ruby>、<ruby>班长<rt>bān zhǎng</rt></ruby>、<ruby>黑板<rt>hēi bǎn</rt></ruby>、<ruby>灯塔<rt>dēng tǎ</rt></ruby>、<ruby>充满<rt>chōng mǎn</rt></ruby>、<ruby>争取<rt>zhēng qǔ</rt></ruby>、<ruby>艰苦<rt>jiān kǔ</rt></ruby>、<ruby>生产<rt>shēng chǎn</rt></ruby>、<ruby>音响<rt>yīn xiǎng</rt></ruby>

T1—T4：<ruby>音乐<rt>yīn yuè</rt></ruby>、<ruby>方向<rt>fāng xiàng</rt></ruby>、<ruby>飞快<rt>fēi kuài</rt></ruby>、<ruby>规范<rt>guī fàn</rt></ruby>、<ruby>单位<rt>dān wèi</rt></ruby>、<ruby>根据<rt>gēn jù</rt></ruby>、<ruby>经济<rt>jīng jì</rt></ruby>、<ruby>声调<rt>shēng diào</rt></ruby>、<ruby>中日<rt>zhōng rì</rt></ruby>、<ruby>冰冻<rt>bīng dòng</rt></ruby>

T2—T1：<ruby>国家<rt>guó jiā</rt></ruby>、<ruby>南方<rt>nán fāng</rt></ruby>、<ruby>承担<rt>chéng dān</rt></ruby>、<ruby>农村<rt>nóng cūn</rt></ruby>、<ruby>平均<rt>píng jūn</rt></ruby>、<ruby>狂欢<rt>kuáng huān</rt></ruby>、<ruby>滑冰<rt>huá bīng</rt></ruby>、<ruby>节约<rt>jié yuē</rt></ruby>、<ruby>齐心<rt>qí xīn</rt></ruby>、<ruby>学科<rt>xué kē</rt></ruby>

T2—T2：<ruby>国旗<rt>guó qí</rt></ruby>、<ruby>直达<rt>zhí dá</rt></ruby>、<ruby>答题<rt>dá tí</rt></ruby>、<ruby>流传<rt>liú chuán</rt></ruby>、<ruby>随时<rt>suí shí</rt></ruby>、<ruby>儿童<rt>ér tóng</rt></ruby>、<ruby>团结<rt>tuán jié</rt></ruby>、<ruby>联合<rt>lián hé</rt></ruby>、<ruby>提前<rt>tí qián</rt></ruby>、<ruby>前提<rt>qián tí</rt></ruby>

T2—T3：<ruby>华北<rt>huá běi</rt></ruby>、<ruby>黄海<rt>huáng hǎi</rt></ruby>、<ruby>平等<rt>píng děng</rt></ruby>、<ruby>遥远<rt>yáo yuǎn</rt></ruby>、<ruby>狭小<rt>xiá xiǎo</rt></ruby>、<ruby>寻找<rt>xún zhǎo</rt></ruby>、<ruby>截止<rt>jié zhǐ</rt></ruby>、<ruby>民主<rt>mín zhǔ</rt></ruby>、<ruby>言语<rt>yán yǔ</rt></ruby>、<ruby>球网<rt>qiú wǎng</rt></ruby>

T2—T4：<ruby>革命<rt>gé mìng</rt></ruby>、<ruby>雄厚<rt>xióng hòu</rt></ruby>、<ruby>模范<rt>mó fàn</rt></ruby>、<ruby>同志<rt>tóng zhì</rt></ruby>、<ruby>情愿<rt>qíng yuàn</rt></ruby>、<ruby>常用<rt>cháng yòng</rt></ruby>、<ruby>存放<rt>cún fàng</rt></ruby>、<ruby>局势<rt>jú shì</rt></ruby>、<ruby>国外<rt>guó wài</rt></ruby>、<ruby>图画<rt>tú huà</rt></ruby>

T3—T1：<ruby>广播<rt>guǎng bō</rt></ruby>、<ruby>指标<rt>zhǐ biāo</rt></ruby>、<ruby>统一<rt>tǒng yī</rt></ruby>、<ruby>许多<rt>xǔ duō</rt></ruby>、<ruby>广西<rt>guǎng xī</rt></ruby>、<ruby>展开<rt>zhǎn kāi</rt></ruby>、<ruby>北京<rt>běi jīng</rt></ruby>、<ruby>每天<rt>měi tiān</rt></ruby>、<ruby>产生<rt>chǎn shēng</rt></ruby>、<ruby>响音<rt>xiǎng yīn</rt></ruby>①

T3—T2：<ruby>指南<rt>zhǐ nán</rt></ruby>、<ruby>普及<rt>pǔ jí</rt></ruby>、<ruby>解决<rt>jiě jué</rt></ruby>、<ruby>抢夺<rt>qiǎng duó</rt></ruby>、<ruby>反常<rt>fǎn cháng</rt></ruby>、<ruby>表决<rt>biǎo jué</rt></ruby>、<ruby>紧急<rt>jǐn jí</rt></ruby>、<ruby>小学<rt>xiǎo xué</rt></ruby>、<ruby>朗读<rt>lǎng dú</rt></ruby>、<ruby>网球<rt>wǎng qiú</rt></ruby>、<ruby>语言<rt>yǔ yán</rt></ruby>

T3—T3：<ruby>北海<rt>běi hǎi</rt></ruby>、<ruby>表演<rt>biǎo yǎn</rt></ruby>、<ruby>展览<rt>zhǎn lǎn</rt></ruby>、<ruby>广场<rt>guǎng chǎng</rt></ruby>、<ruby>厂长<rt>chǎng zhǎng</rt></ruby>、<ruby>领导<rt>lǐng dǎo</rt></ruby>、<ruby>打倒<rt>dǎ dǎo</rt></ruby>、<ruby>感想<rt>gǎn xiǎng</rt></ruby>、<ruby>改悔<rt>gǎi huǐ</rt></ruby>、<ruby>悔改<rt>huǐ gǎi</rt></ruby>

T3—T4：<ruby>假设<rt>jiǎ shè</rt></ruby>、<ruby>左右<rt>zuǒ yòu</rt></ruby>、<ruby>挑战<rt>tiǎo zhàn</rt></ruby>、<ruby>本位<rt>běn wèi</rt></ruby>、<ruby>想象<rt>xiǎng xiàng</rt></ruby>、<ruby>主要<rt>zhǔ yào</rt></ruby>、<ruby>访问<rt>fǎng wèn</rt></ruby>、<ruby>紧迫<rt>jǐn pò</rt></ruby>、<ruby>有病<rt>yǒu bìng</rt></ruby>、<ruby>雨帽<rt>yǔ mào</rt></ruby>

T4—T1：<ruby>列车<rt>liè chē</rt></ruby>、<ruby>下乡<rt>xià xiāng</rt></ruby>、<ruby>认真<rt>rèn zhēn</rt></ruby>、<ruby>办公<rt>bàn gōng</rt></ruby>、<ruby>贵宾<rt>guì bīn</rt></ruby>、<ruby>旷工<rt>kuàng gōng</rt></ruby>、<ruby>地方<rt>dì fāng</rt></ruby>、<ruby>救灾<rt>jiù zāi</rt></ruby>、<ruby>日中<rt>rì zhōng</rt></ruby>②、<ruby>冻冰<rt>dòng bīng</rt></ruby>

T4—T2：<ruby>自然<rt>zì rán</rt></ruby>、<ruby>化学<rt>huà xué</rt></ruby>、<ruby>特别<rt>tè bié</rt></ruby>、<ruby>报名<rt>bào míng</rt></ruby>、<ruby>到达<rt>dào dá</rt></ruby>、<ruby>会谈<rt>huì tán</rt></ruby>、<ruby>调查<rt>diào chá</rt></ruby>、<ruby>上游<rt>shàng yóu</rt></ruby>、<ruby>外国<rt>wài guó</rt></ruby>、<ruby>画图<rt>huà tú</rt></ruby>

T4—T3：<ruby>二百<rt>èr bǎi</rt></ruby>、<ruby>剧本<rt>jù běn</rt></ruby>、<ruby>跳伞<rt>tiào sǎn</rt></ruby>、<ruby>运转<rt>yùn zhuǎn</rt></ruby>、<ruby>下雪<rt>xià xuě</rt></ruby>、<ruby>外语<rt>wài yǔ</rt></ruby>、<ruby>购买<rt>gòu mǎi</rt></ruby>、<ruby>并且<rt>bìng qiě</rt></ruby>、<ruby>病友<rt>bìng yǒu</rt></ruby>、<ruby>冒雨<rt>mào yǔ</rt></ruby>

T4—T4：<ruby>日月<rt>rì yuè</rt></ruby>、<ruby>大厦<rt>dà shà</rt></ruby>、<ruby>自传<rt>zì zhuàn</rt></ruby>、<ruby>岁月<rt>suì yuè</rt></ruby>、<ruby>愤怒<rt>fèn nù</rt></ruby>、<ruby>庆贺<rt>qìng hè</rt></ruby>、<ruby>宴会<rt>yàn huì</rt></ruby>、<ruby>浪费<rt>làng fèi</rt></ruby>、<ruby>创办<rt>chuàng bàn</rt></ruby>、<ruby>变量<rt>biàn liàng</rt></ruby>、<ruby>量变<rt>liàng biàn</rt></ruby>

---

① 为了进行对比，汉语朗读文本中，有时会将词语换顺序，让被试朗读，如此处的"响音"，即为了与"音像"做比较而列出。

② 指一天的中午。